Journal of Cognitive Linguistics

認知言語学研究

The Journal of the Japanese Cognitive Linguistics Association

Vol. 3   March 2018

Editorial Board

Kimihiro YOSHIMURA, *Nara University of Education* (Managing Editor)

Minoru OHTSUKI, *Daito Bunka University* (Vice-Managing Editor)

Kyoko INOUE, *Keio University*

Hiroaki KITANO, *Aichi University of Education*

Kyoko MASUDA, *Georgia Institute of Technology*

Yosuke MOMIYAMA, *Nagoya University*

Masuhiro NOMURA, *Hokkaido University*

Toshio OHORI, *The University of Tokyo*

Noriko ONODERA, *Aoyama Gakuin University*

Kazumi SUGAI, *Hyogo University of Teacher Education*

Kazumi TANIGUCHI, *Kyoto University*

Yukio TSUJI, *Keio University*

Nathan Hamlitsch, *Nagoya University* (Editorial Assistant)

The Japanese Cognitive Linguistics Association

日本認知言語学会
[編]

KAITAKUSHA
開拓社

Editorial Advisory Board

William Croft (University of New Mexico)
Nick Enfield (University of Sydney)
Daniel Everett (Bentley University)
Gille Fauconnier (University of California, San Diego)
Raymond W. Gibbs (University of California, Santa Cruz)
Adele Goldberg (Princeton University)
Bernd Heine (University of Cologne (emeritus))
Yoshihiko Ikegami (The University of Tokyo (emeritus))
Ronald W. Langacker (University of California, San Diego (emeritus))
John R. Taylor (University of Otago (emeritus))
Michael Tomasello (Max Planck Institute for Evolutionary Anthropology)
Elizabeth C. Traugott (Stanford University (emeritus))
Masa-aki Yamanashi (Kyoto University (emeritus))

CONTENTS
目　　次

〈論文（**research papers**）〉

隠喩と直喩の違いは何か
　　——用例に見る隠喩と直喩の使い分けから——……………………………………加藤　　祥　　1

修辞的効果を生み出すカテゴリー化
　　——日本語における類の提喩の機能的多様性——……………………………小松原哲太　　23

Context Sensitivity in Verb Learning: Effects of Communicative Demand on
　　Organization Processes in Lexical Development
　　………………………Noburo Saji, Chong Wang, Chunzi Hong, and Masato Ohba　　40

〈展望論文（**review articles**）〉

相互行為・機能・談話系言語学が意味すること
　　…………………………………………………………………………井上逸兵　　56

〈研究ノート（**research notes**）〉

Reconsidering the Status of Constructional Schema
　　……………………………………………………………………Naoko Hayase　　72

〈書評（**reviews**）〉

Barbara Lewandowska-Tomaszczyk (ed.), *Conceptualizations of Time*
　　(Human Cognitive Processing 52) Amsterdam & Philadelphia, PA: John
　　Benjamins, 2016, 325pp.
　　………………………………………………………………………篠原和子　　82

From the Managing Editor	90
Members of Executive Committee and Board of Directors	91
日本認知言語学会役員一覧	92
Information from the Secretariat	93
事務局からのお知らせ	94
Template for *JCL* (English)	95
Template for *JCL* (Japanese)	98
The JCLA Constitution	101
日本認知言語学会会則	103
Information for Contributors	107

隠喩と直喩の違いは何か

―用例に見る隠喩と直喩の使い分けから―[*]

加藤　祥（人間文化研究機構国立国語研究所）

要旨

　本稿は，隠喩と直喩における使い分けの実態から，両者の差異を考察する。同一の喩辞と被喩辞の組み合わせについて隠喩と直喩の用例を収集し，それぞれの産出傾向を明らかにした。まず，コーパス調査によって，直喩が視覚的，隠喩が内面的な類似性を表すという用例分布を示し，続いて，視覚情報と両比喩表現との関係を確かめた。その結果，視覚的な情報を記述する作文実験では直喩が頻出し，視覚情報が曖昧な喩辞の調査では隠喩が頻出するという傾向が明らかになった。直喩は視覚的な特徴（形状など）の類似性が近接文脈に描写され，隠喩は喩辞と被喩辞の本質的な特徴（内面など）の類似性が長い文脈を経て集約されるという違いがある。また，隠喩では，文脈上融合領域における「なる」などの変化が指標として表出する場合がある。隠喩と直喩は起点領域と目標領域の類似性に着目する点で等しいが，異なる産出過程を有する可能性がある。

キーワード

隠喩，直喩，コーパス，比喩産出

1.　はじめに

　本稿では，「よう」などの指標の有無に基づく隠喩と直喩の違いについてコーパス調査と産出実験に基づき実証的に検討する。たとえば書き手が「あの男は犬だ」と（隠喩として）言及した場合，読み手は「あの男は犬のようだ」と理解すると言われる（Miller 1993など）。鍋島（2016）は，メタファーとシミリに区分はないとし，違いはメタファーの明示性の度合であると示している。[1]　しかし，隠喩と直喩という異なる表現方法があるとい

---

[*] 本研究は，科学研究費（課題番号：K26770156（代表者：加藤（保田）祥），15K02474（代表者：仲本康一郎）の助成を受けて行われている。また，UK-CLC 6th（2016, 於：Bangor Univ.）での口頭発表「Man becomes a dog: The difference between metaphor and simile in the corpus」を基に，追加調査と大幅な加筆を行ったものである。

[1] 「メタファー」と「シミリ」については，前者が後者を包含するという先行研究の立場を継承するが，本稿では「隠喩」と「直喩」を狭義の表現手法の類型（指標の有無）として二分法的に用いる。

うことは，どちらも利用可能な場合でも，二種類を使い分ける傾向があるのではないかという疑問が生じる。たとえば，字義通りであるか比喩表現であるか読み手に判断がつかないと推測される場合に，書き手は比喩表現であることを示すために指標を用い，すなわち直喩を用いるであろう。実際のところ，どのように隠喩と直喩は使い分けられているのだろうか。

　本稿は，まずコーパスを用いて隠喩と直喩の用例の産出傾向における異同を確かめた。この結果，日本語の用例では，視覚的な類似性が焦点になる場合に直喩が用いられ，視覚的に捉えにくい内面的な類似性が焦点とされる場合に隠喩が用いられる傾向が確認された。そこで，言語情報を含まない視覚情報を記述する作文実験を行い，産出された比喩表現を調査したところ，直喩のみが収集される結果となった。さらに，視覚的な情報が不明瞭な架空生物を喩辞とする用例を収集し，得られた隠喩の用例の産出構造を分析した。これらの産出傾向の偏りが示す隠喩と直喩の使い分けに基づき，それぞれの性質を考察した。考察の結果，隠喩と直喩は，起点領域（Source Domain）から目標領域（Target Domain）への写像が行われる際，比喩表現において焦点となる要素を結びつける融合領域（blended space; Fauconnier & Turner 2002, etc.）の働き方によって使い分けがある可能性を示した。

　以上の調査結果から，隠喩と直喩の使い分け実態の一端を明らかにするとともに，隠喩と直喩の産出傾向における構造的な差異について試論を示す。

2.　関連研究

　メタファーとシミリは本質的に違いがないと考えられるため，直喩を隠喩と切り分けて扱う先行研究は限定的である。しかし，隠喩と直喩の用例に違いのあることは，主に喩辞である起点領域（Source Domain: 以下 SD）と被喩辞である目標領域（Target Domain: 以下 TD）の研究によって着目されてきた。Chiappe and Kennedy（2001）では，喩辞（SD）と被喩辞（TD）の組み合わせに対する親密度（familiarity scale）の評価を行った。また，喩辞（SD）と被喩辞（TD）の類似性判断結果に基づき，類似性が高い場合に隠喩，低い場合に直喩であることを示した。喩辞（SD）と被喩辞（TD）の組み合わせの親密度や類似度の判断によって，隠喩と直喩が使い分けられている可能性が示されている。近年では，大規模コーパスによって被喩辞に用いられる名詞を調査した研究もあり，隠喩と直喩では被喩辞の種類（静物・動植物）が異なるという傾向が示されている（Wang, et. al. 2015）。被喩辞（TD）の種類の違いが，隠喩と直喩の違いとして表現されている可能性もあろう。楠見（2005）は，心理実験に基づき，喩辞と被喩辞の組み合わせが慣用化しているか，喩辞が慣用化している場合に隠喩が読み手に選好されるとする。

　但し，喩辞と被喩辞の組み合わせを固定した場合，隠喩と直喩はどのような異同がある

のかという疑問が残る。Barnden（2015, 2016）は，隠喩「X is Y」が直喩「X is like Y」と同じ文脈において同じ意味で用いられるのかという疑問を呈している。上掲の楠見（2005）は，喩辞と被喩辞の間に共通する特徴が多いときや，文脈で類似性が際立たされるときにも隠喩が選好されるとする。そこで本稿は，喩辞（SD）と被喩辞（TD）の対を固定して用例を収集し，文脈を参照して着目される特徴を意味的に分類し，喩辞と被喩辞を同じくする比喩表現において隠喩と直喩が使い分けられているのかを検討する。

　また，比喩表現の産出に関する研究では，主にメタファーがどのような文脈で用いられているかという調査がみられる。Gibbs and Franks（2002）が，隠喩が著者の経験に関して用いられやすいと言い，Stegar（2007）は，感情的なコンテクストと複雑な状況をわかりやすくするために用いると言う。被験者実験を用いた調査では，Fainsilber and Ortony（1987）が話しことばにおいて，Williams-Whitney ら（1992）が書きことばにおいて，それぞれ自分の経験について語る場合に，激しい感情や言い表し難い場面で隠喩が用いられることを示した。一方，動作や自分の経験外の事柄についてのスピーチや作文では，隠喩は用いられにくいという。このように隠喩と直喩の産出傾向が異なるとすれば，直喩が産出されるのはどのような文脈なのだろうか。あるいは，隠喩と直喩は同じような文脈で用いられるのだろうか。隠喩と直喩は，著者の経験や感情とそれ以外というような，文脈の違いによって使い分けられるのかという点も確かめておきたい。

3.　調査

　本稿では，以下の調査を行う。

　コーパスから固定の喩辞・被喩辞対の用例を収集し，隠喩と直喩でそれぞれに意味的な違いがあるのか調査する。（3.1 節）

　映像内容を記述させる比喩表現の産出実験を行い，隠喩と直喩のいずれかが産出されるのか，いずれも産出されるのか調査する。（3.2 節）

　①②の結果に基づき，隠喩が多く用いられる喩辞の用例を収集し，隠喩と直喩の用例の差異を調査する。（3.3 節）

3.1.　コーパスにおける隠喩と直喩

　本節では，Barnden（2015）の指摘から，同じ喩辞と被喩辞の組み合わせを有する比喩表現についてコーパスを用いた調査を行い，隠喩と直喩に関して，著者の経験や感情とそれ以外というような文脈的な使い分け（Gibbs & Franks 2002; Fainsilber & Ortony 1987, etc.）が存在するのか，意味的な分類によって確認する。

3.1.1. データ

　隠喩と直喩の用例分布を調査するため，喩辞と被喩辞が同じ組み合わせで存在し，調査対象とする用例数が一定以上確保できる比喩表現を収集した。中村（1977）の結合比喩類型（主に隠喩にあたる）の要素に『分類語彙表増補版』（2004）の意味分類番号を付与し，意味分類から調査対象とする比喩表現を選んだ。喩辞と被喩辞が明示された「名詞ガ名詞」223 類型の意味要素（分類語彙表番号の中項目まで）を調査した。被喩辞として最も多かった要素は，「人（1.20～1.24 番台）」20.2% で，「心（1.30 番台）」19.3%，「身体（1.56 番台）」8.5% であった。最も多かった被喩辞が「人」の類型における喩辞は，動物（1.55 番台）の型が最頻出（11.4%）である。そこで，本稿は動物が喩辞となり，人が被喩辞となる組み合わせについて用例を収集することとした。[2]

　現代日本語書き言葉均衡コーパス[3]（BCCWJ）を用い，語彙素が動物名犬（10,026 件）・兎（1,589 件）・ライオン（1,052 件）の 3 種類[4]を対象とする用例を収集した。この全用例から，人手による判断で喩辞が動物，被喩辞が人となる比喩表現を抽出し，用例の意味的な分類を行い，さらに隠喩と直喩に分類した。人手による判断は，喩辞の前後 200 語に基づいて行った。意味的な分類については，喩辞の前後 200 語から判断が困難な場合は「特定不能」とした。比喩性は，前掲の中村（1977）に挙げられた A 型把握（指標と文脈上の概念移行），B 型把握（文脈における結合関係），C 型把握（文脈との無縁性）のそれぞれにより判定した。判定にあたっては，同書の言語形式としての類型を参照した。分類

---

　[2] 本稿の調査対象とした人（被喩辞）- 動物（喩辞）の組み合わせのほかの名詞についても比喩表現の分類を試行した。

　比喩類型において最頻出の名詞は，意味分類で見ると 1.3000（心）で，1.5010（光）が次ぐ。1.300 に分類される語彙は多種のため，「光（語彙素）」の用例を BCCWJ から収集したところ，13849 例が得られた。このうち，光を喩辞または被喩辞とする用例は 17.1%（内：被喩辞 30.7%・喩辞 69.3%（内：隠喩 49.7%・直喩 7.2%））であった。「光」が喩辞の場合を意味的に分類すると，希望・手掛かりの意味の用例が 32.1% など，限定的に用いられている傾向が見られた。また，人を被喩辞とする例（目（3.6%）を除く）は 0.3% にとどまり，多様な用例が取得できなかったため，本稿の調査の対照データともならなかった。

　喩辞が動物ではなく静物である場合については，たとえば「薔薇（語彙素）」同 2139 例では，薔薇を喩辞または被喩辞とする用例が 1.9%（内：隠喩 24.4%・直喩 68.3%）であり，意味分類が可能であった用例は，匂いのほか形状・外観においてのみと限定され用例の種類が少ない。なお，薔薇の上位カテゴリ「花（語彙素）」同 17872 例では，薔薇同様外観に関して 26.5% と多用されるが，盛り・成果・雑談などの慣用表現も 28.2% と割合が高い。人を被喩辞とする例は 2.1% あったが，用例種類が限定された。

　[3] 現代日本語書き言葉均衡コーパス（国立国語研究所）http://www.ninjal.ac.jp/corpus_center/bccwj/ コーパス検索アプリケーション「中納言」1.1.0，短単位データ 1.0，長単位データ 1.0 https://chunagon.ninjal.ac.jp/

　[4] 200 種類の動物のうち単語親密度の最も高い 3 種を分析対象とした。（兎：6.562，犬：6.531，ライオン：6.531）。

結果を表1に示す。各々の用例のうち，4〜8% が比喩表現（喩辞：動物・被喩辞：人）として抽出された。

表1　収集した用例の分類結果

動物	犬	兎	ライオン
BCCWJ	10,026	1,589	1,052
隠喩	169（1.7%）	52（3.3%）	10（1.0%）
直喩	252（2.5%）	81（5.1%）	39（3.7%）
比喩表現計	421（4.2%）	133（8.4%）	49（4.7%）

3.1.2.　結果　喩辞：犬

　犬の用例について，隠喩と直喩それぞれの用例数の頻度上位の意味的な分類を表2に示す。「その他」には，文脈から明確な判断のできなかった「特定不能」分類を含むほか，「臆病」「縄張り」「狂う」など，少数ではあるが犬に関する特徴例が含まれる。[5]

　犬では，隠喩と直喩で異なる傾向が見られた。隠喩が多く使われていた意味は，「警察・諜報・手先」や「（敵などの）罵倒」であった。反対に，直喩が多く使われていた意味は，外観や動作に関してであった。

表2　犬を含む比喩用例の意味的な分類

意味的分類	隠喩	直喩
警察／諜報／手先	33（19.5%）	10（4.0%）
従順／ペット（家畜）	20（11.8%）	27（10.7%）
みじめ／下位	31（18.3%）	43（17.1%）
罵倒（敵）	31（18.3%）	4（1.6%）
野蛮／襲撃	8（4.7%）	9（3.6%）
弱い	8（4.7%）	5（2.0%）
外観	4（2.4%）	36（14.3%）
動作	1（0.6%）	64（25.4%）
その他	33（19.5%）	54（21.4%）
計	169（100.0%）	252（100.0%）

　表2の「従順・ペット」「みじめ・下位」の分類では，隠喩も直喩も同程度の割合となっ

---

[5] これらは表内に示された例ほど一般的と考えられる特徴ではないが，比喩表現として言語化され得る特徴といえる。今後，Web コーパスなどで大規模な調査を行いたいが，本稿の調査ではデータ量が不十分であるため，少数例は「その他」として扱わない。

ているが，隠喩の用例は「犬の生活に耐えていた」「わたしは犬なのだから」などであるのに対し，直喩の用例では「濡れた犬みたいに身震いしながら」「まるで犬のようにそこに横たわっていた」などと外観が言及されているという違いがある。用例では，動作か性質，あるいは喩える要素が内面的か外面的かという特性において，隠喩と直喩が使い分けられる傾向が見られる。

(1) と (2) の隠喩の例では，性質的な特徴について言及されている。

(1) 「このような一大事のときに親を捨てる恩知らずの犬畜生め！　四歳のときから育てた親の恩を忘れたのか！」

（上原栄子「辻の華」下線は筆者による。以下同様）

(2) （前略），アメリカはいぜんとして，じゃりどもをおとなしくさせておくための番犬や羊犬として IMF を必要とした。

（スーザン・ストレンジ（著）／小林襄治（訳）「カジノ資本主義」）

(3) と (4) の直喩例は，動作や外観的な特徴について言及されている。

(3) 与えられた水を加恵は渇いた犬のように飲み，呻き声をあげた。

（有吉佐和子「華岡青洲の妻」）

(4) 髪の毛は黒で，もじゃもじゃ毛の犬のようなスタイルにしている。

（エド・マクベイン（著）／山本博（訳）「歌姫」）

隠喩 (1, 2) と直喩 (3, 4) の用例は，ともに被喩辞（TD）を見ているようでも，隠喩は時系列での出来事も含めた対象全体について言及し，直喩は Lakoff (1993) の言う対象のone-shot に言及している。

また，(5) は隠喩，(6) は直喩で，どちらも形状や外観ではない内面的な要素について犬を喩辞とした例であるが，(6) は外面的な要素（表情）について言及するという差異がある。

(5) アヌイの「野性の女」で，テレーゼが幸せな結婚生活を拒否して，夫に「この世に一匹でも飢えた犬がいるようなら私は幸せにはなれない」と言う。「この世に精神分裂病で悩んでいる人が一人でもいるかぎり，私は幸せにはなれない」。

（増野肇「森田療法と心の自然治癒力」）

(6) 一瞬，後藤田の顔が餌皿を取り上げられた犬のような表情を浮かべ，顎が垂れてため息が洩れた。　　　　　　　　　　　　　　（押井守「獣たちの夜」）

3.1.3. 結果　喩辞：兎

兎について，意味的な分類ごとに，隠喩と直喩の用例の割合を表 3 に示す。「その他」

には，文脈から明確な判断のできなかった「特定不能」分類を含むほか，「多産」「いじら
しい」「時計」などの隠喩・直喩ともに少数ではあるが兎の特徴である例，固有作品に関
する兎の特徴例が含まれる。兎についても，前節で見た犬と類似した傾向が確認された。
兎の用例も，隠喩と直喩が使い分けられている傾向がある。「獲物（狩られる物）」や「あ
だ名」は隠喩として用いられやすい。また，「獲物」の意味では，慣用表現の「二兎を追う
ものは一兎をも得ず」に関わる例が多い。反対に，外観や動作に関して直喩が用いられや
すい。

表3　兎を含む比喩用例の意味的な分類

意味的分類	隠喩	直喩
外観	4 (7.7%)	11 (14.8%)
動作（視覚的）	3 (5.8%)	16 (18.2%)
獲物	14 (26.9%)	6 (6.8%)
小さい	8 (15.4%)	11 (12.5%)
あだ名	9 (17.3%)	0 (0.0%)
早い	2 (3.8%)	3 (3.4%)
弱い	2 (3.8%)	0 (0.0%)
その他	10 (19.2%)	41 (44.3%)
計	52 (100.0%)	81 (100.0%)

　(7) は慣用表現「二兎を追うものは」を想起させる隠喩の例，(8) は外観的な動作に関
して言及する直喩の例である。

　　(7)　接待の主役を見抜けない“お間抜け女”常連客ばかりを持ち上げて二兎を失う
　　　　　　　　　　　　　　　　　　　　　　　　　　　　（向谷匡史「銀座バイブル」）
　　(8)　「あら，そういえばナツキちゃんの食べ方，ウサギに似てるわ。ほら，白菜を
　　　　前歯で忙しそうに噛みながら食べてるところなんて，そっくりじゃない」
　　　　　　　　　　　　　　　　　　　　　　　　　　　　　　　　（五木寛之「凍河」）

　「小さい（家・部屋）」などの意味で用いられる「兎小屋」は『大辞泉』などの辞書では見
出しになる慣用表現であり，隠喩でも直喩でも同様に使用されているように見える。しか
し詳細に見ると，隠喩では住環境をいい，直喩では外観的形状をいうような使い分けの傾
向がある。よって，同表現でも隠喩と直喩では文脈が異なり，意味的な使い分けが考えら
れる。(9) と (10) は「兎小屋」の用例であるが，(9) の隠喩はにおいをはじめとした薄
暗さやみすぼらしさについて，(10) の直喩は目に見える形について言及され，隠喩と直
喩で使い分けが生じているように読める。また，(9) は「のような」などの指標を加える
ことで直喩に言い換え可能であるが，(10) は隠喩に言い換えにくい。但し，(9) が直喩
形式であったとすれば，形状について言及している読みの可能性が高くなる。隠喩と直喩

が表現する意味によって使い分けられているためと言えよう。

(9) 小便とネズミと，通気性の悪いところに長いこと放置されたゴミの臭い。そうしたウサギ小屋の中で，いかにも住み心地のよさそうな部屋に出くわすこともたまにはあるが，建物全体が不潔で薄暗くみすぼらしいことはどこへ行っても同じだ。　　　　　（ローレンス・ブロック（著）／田口俊樹（訳）「死者の長い列」）

(10) 車窓から見えた田圃も畑も山も，緑という緑はすっかり消されて，マッチの箱のようなそして兎の小屋のような，小さな家々が立錐の余地もなく，建ち並んでいるのである。　　　　　　　　　　　　　（高石きづた「マーガレットの花」）

3.1.4.　結果　喩辞：ライオン

　ライオンについて，意味的な分類ごとに，隠喩と直喩の割合を表4に示す。「その他」には，文脈から明確な判断のできなかった「特定不能」分類を含む。ライオンも，犬と兎に類似した傾向があり，概して性質は隠喩，動作は直喩という使い分けが見られる。しかしライオンは，隠喩も直喩も外観に関する例が大きな割合を示す。直喩の形に性質的な「獰猛」が現れているのは，「ライオンのように〜追いかける」「ライオンのように〜襲ってくる」などの動作を喩える例としてであった。さらに，隠喩の外観に関する意味の例を見てみると，「たてがみ」が主であった。別の調査では，ライオンを他動物と区別する際，日本語母語話者が最も着目するのは「たてがみ」[6]であった。ライオンにおいてたてがみが焦点となる比喩表現は，慣用的と考えられる。

表4　ライオンを含む比喩用例の意味的な分類

	隠喩	直喩
外観	4 (40.0%)	14 (35.9%)
肉食	2 (20.0%)	6 (15.4%)
卓越している	1 (10.0%)	0 (0.0%)
王	1 (10.0%)	3 (7.7%)
唸る	0 (0.0%)	3 (7.7%)
獰猛	0 (0.0%)	7 (17.9%)
その他	2 (20.0%)	6 (15.4%)
計	10 (100.0%)	39 (100.0%)

---

　[6] 筆者の調査によれば，大規模コーパスからライオンの外観的な身体部位の言及率を取得すると，たてがみは14%であり，突出して言及されやすい部位とは言えない。しかし，その言及割合を日本語母語話者に見せると，91%がライオンと認識可能であった。また，身体部位からライオンを認識した80%が「たてがみ」に着目していた。

（11）と（12）はライオンが人の外観の隠喩に用いられている例である。

（11）　翌日の『東京朝日新聞』では，欠席の通知を出した浜口「ライオン総裁」が八時
半過ぎに姿をみせたので，田中義一首相が大いに喜んだ様子が伝えられている。

（宮田章「霞ヶ関歴史散歩」）

（12）　服装も地味のようですが，ボーカルのライオンヘアはかな〜り斬新でした★

（Yahoo! ブログ）

直喩でライオンの形状が言及される場合，（13）〜（15）のように，各種の部位（全身や
動作を含む）が着目されている。但し，たてがみでない部位に着目した直喩の例は翻訳小
説に限定され，たてがみに着目した直喩の例は主に日本語小説（16）（17）から取得され
るという差異があった。

（13）　ライオンのように大口を開けて，自分の会社の映画を宣伝し，矢継ぎ早に質問
を浴びせかけてくるだろうが，無論それに返事はしまい。

（ケニーゼ・ムラト（著）／白須英子（訳）「皇女セルマの遺言」）

（14）　鼻・まゆ・あごなどに赤褐色で弾力のある半球状・ソーセージ状の腫瘤が左右
対称にでき，ライオンのような顔になる。

（W・S・モーム（著）／大岡玲（訳）「月と六ペンス」）

（15）　茶色がかったブロンドの髪が赤らんだ顔を縁取り，まるで飢えたライオンだっ
た。

（ダイアン・デヴィッドソン（著）／加藤洋子（訳）「クッキング・ママの鎮魂歌」）

（16）と（17）から，日本語母語話者の一般的な認識として，ライオンの特徴はたてが
みであるという可能性が考えられる。また，（11）（12）の隠喩例と対照するに，周囲の文
脈に状態説明の多いことがわかる。

（16）　「最後にカットしたのはいつ？」（改行）「3か月ぐらい前かな」（中略）「そんな
ものすごい頭で大丈夫なの？」（改行）「とくに何か言われたことはないけど。
そんなにひどいかな？」（改行）「寝起きの雄ライオンみたい」

（市川拓司「いま，会いにゆきます」）

（17）　太い首筋に沿って這わせたウルフカットの髪の毛は，狼ではなく，雄ライオン
のたてがみを連想させた。　　　　　　　　　　　　　　（小池真理子「恋」）

以上により，同じくライオンの外観に言及する表現であっても，日本語母語話者の用例
として，最も着目しやすい特徴など説明の不要な場合には隠喩を用いるが，説明が必要な
場合や，一般に連想しにくい状態を説明する場合には直喩を用いるという使い分けが考え
られる。

3.1.5. 結果まとめ：動物を喩辞とする用例における隠喩と直喩

大規模なコーパスにおいて，喩辞が動物，被喩辞が人間という組み合わせの比喩表現は，隠喩と直喩とで異なる傾向が見られた。概して，隠喩は視覚的に判別しにくい内面的な性質や状態について言及する際に用いられ，直喩は視覚的な外観や動作に関して言及する際に用いられる傾向がある[7]（図1）。隠喩と直喩が同様に用いられる意味においても，詳細に見れば，同様にそれぞれ視覚的かどうかという点において使い分けられている。隠喩と直喩が言い換え可能と見える場合であっても，表現する意味によって使い分けがある。また，直喩はLakoff（1993）の言うone-shotの比喩に用いられやすく，説明を加えれば制限なく用いられるが，隠喩は慣用表現・固定的な表現として用いられやすい。

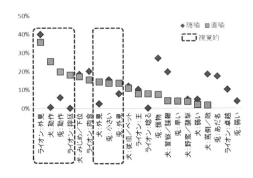

図1　隠喩と直喩の使用分布

3.2. 視覚情報から産出される比喩表現

前節では，直喩と隠喩の使い分けの一つに視覚の影響が考えられた。さらに，自身の経験について語る場合に隠喩が用いられやすいという先行研究（Fainsilber & Ortony 1987; Williams-Whitneyら 1992）の指摘から，自身の経験と無関係な映像内容を語る場合に直喩が用いられやすく，一人称で自身の経験を語る場合には隠喩が用いられやすい可能性があるという仮説が立てられる。そこで本節では，視覚的な情報に基づいた作文実験で仮説の検証を行うとともに，隠喩と直喩の産出される文脈を確かめる。

3.2.1. データ

言語情報のない映像内容を作文するという被験者実験によって，再話作文（1映像×3回×24人，平均227語（min: 30語 max: 465語））を取得した。実験協力者（24名，18歳以上の10代～50代の男女）は5分間の映像作品を見て，その内容を記述する。用いた

---

[7] 図1における，犬の「みじめ」やライオンの「肉食」についても，直喩と隠喩が同程度に用いられていたが，それぞれ動作や外観に関する場合は直喩，外観上に現れていない場合には隠喩である傾向が確認された。

映像は，言語情報が含まないクレイアニメーション『PINGU』[8]（チャプター「ピングーの夢」）である。

　まず，実験協力者は映像を見て1回目の内容記述を行う。次に再度実験を繰り返す教示により，実験協力者は2回目の同作業を行う。なお，2回目の映像再生時，メモを自由にとるよう指示する。これは，詳細な情報を記述することで比喩表現の産出に変化があるかを確かめるために行った。さらに，1・2回目とは視点を変えて記述するよう依頼し，3回目の作業を行う。内容記述は一般的に三人称となる傾向があるが，一人称で記述すれば書き手の関与（Langacker 1990など）が主体化し，参照点の変更によって喩辞（SD）と被喩辞（TD）の関係に変化が加わるか，あるいは隠喩と直喩の産出に変化が生じる可能性を想定したためである。

　調査は，物語が完結していた64話分（24人分）の作文を対象とした。内訳は1回目の作文が20話（平均201語），2回目の作文が22話（平均249語），3回目の作文が22話（平均228語）である。なお，同一の実験協力者で2回以上取得できた作文は22人分となった。

3.1.3.　結果　産出された比喩表現

　24人の実験協力者のうち17人（71%）が比喩表現を産出し，作文64話中の約半数にあたる29話（45%）において，比喩表現が現れ，すべて直喩であった。[9] 2回目の記述は細部の描写量が増加する傾向にあったが（平均語数201語→249語），比喩表現部分の変化は見られなかった。また，主に3回目の視点を変えた記述にて一人称の物語作文が現れた（8話：13%）[10]が，慣用表現を含め隠喩の使用された例は見られなかった。

　比喩表現は，(18)，(19)に示す2場面にのみ用いられていた。(18)は，登場するペンギンの寝ていたベッドが動く場面であり，26話（比喩表現のあった作文の90%）で同種の比喩表現が用いられた。(19)は，ペンギンの寝ていた部屋の半球状の屋根（と壁）が飛び去る場面で，5話（比喩表現のあった作文の17%）で比喩表現が用いられた。

　　(18)　さらに馬のようにベッドは歩きはじめた。
　　(19)　雪でできたドーム型の部屋が動きだし宇宙船のようにどこか飛んでいいってし

---

[8]『ピングーシリーズ1（SVWB4083）』の「チャプター26」を使用し，本実験で使用する旨は，株式会社ソニー・クリエイティブプロダクツおよびマテル社に許諾をいただいた。

[9] ある同一著者の作文（3回分）でのみ，同一作文内で同じ喩辞と被喩辞の組み合わせが複数回出現した例が見られた。本件については後述する（例文(26)を参照）。

[10] この現象については，他言語母語話者より，日本語母語話者にのみ生じる傾向ではないか，との指摘を受けた。他言語母語話者では感情表現の産出を含め，実験結果の異なる可能性が示唆される。

まいました。（原文ママ）

どちらもペンギンの子の夢における出来事であり，現実世界で発生しない事象である。Stegar（2007）の示したように描写が困難なために用いられた比喩表現といえよう。

また，映像の視覚的な情報を記述するためには，直喩が用いられやすいことが考えられる。但し，一人称作文の場合にのみ，（22）の「馬に乗ってるみたい」のように喩辞が動作全体になっていたという書き換え例が見られた。（20）から（22）は同一著者 A による 3 回分の作文で，ベッドの記述を作業順に示したものである。

(20) 馬か何かの動物のように動き始めて，（1 回目）

(21) まるで馬か何かのように歩き始める。（2 回目）

(22) まるで馬に乗ってるみたいだぞ。（3 回目）

（23）から（25）は同一著者 B による 3 回分の作文で，ベッドの記述を作業順に示したものである。1 回目・2 回目は三人称，3 回目は一人称となっている。すべて同じ場面の記述であるが，3 回目となる（25）は，「（ベッドが）僕を乗せて駆け回」ると記述され，(23) と（24）において「馬か何かのよう」と示された喩辞は現れない。（25）では繰り返しが 3 度目であるために省略された可能性も考えられるが，視点の変更によって書き手の関与が主体的となり，視覚的な表現に用いやすく客体的な意味の顕在化しやすい直喩を避けた可能性があろう。

(23) まるで馬のように歩き出す。（1 回目）

(24) 馬のように走り出します。（2 回目）

(25) 僕を乗せて駆け回りました。（3 回目）

同一著者による繰り返しの記述において，喩辞と被喩辞が別のものに置き換えられることはなく，固定的な直喩が使用されていた。視覚的な情報を直喩で表現する場合には，繰り返し同じ場面を見ても他の見立ては生じず，第一印象の影響が強いようである。

なお，実験協力者 C の一作文中で，同一の被喩辞に関して度々比喩表現の出現する場合が見られた。以下の（26）に引用した作文のみ，同じ被喩辞の繰り返しの後半で，比喩の変化がある。

(26) a. ベッドの足がニョキニョキはえて馬の様に回りを歩く様になった。（原文ママ）

b. 僕はその馬になったベッドに乗って，回りを散歩した。（原文ママ）

c. ベッドの馬も僕もふるえ上がり，身動きがとれなくなった。

（26）では，まず直喩で「馬の様（a）」と表現されたベッドが，次に「馬になった（b）」，

さらには「ベッドの馬（c）」とされる。この作文では，同一著者の一作文中の繰り返しにおいて，同喩辞と同被喩辞の表現が複数回言及されており，比喩表現の変化する様が確認できる。

（26-c）は，字義通りに「ベッドの馬」とも読めるが，（26-a）が直喩であったために直喩指標「ような」が単純に省略されたと考えられる。また，（26-b）の「なった」という変化の記述から，書き手は比喩表現の意識を有したとも読める。このように，書き手が使用表現を変化させる例においては，初めの直喩から何らかの段階を経て隠喩使用に至った可能性が示唆されよう。また，（26-b）で「なる」という変化表現が現れたことで，書き手の喩辞（SD）と被喩辞（TD）の同一視が進む，あるいは読み手が次に現れる隠喩を認識しやすくなるともいえる。この「なる」は，当該起点領域と目標領域における融合領域（blended space）の表現と考えられる。つまり，この隠喩においては，起点領域と目標領域に加え，融合領域の活性化が「なる」の表出によって明らかであるともいえよう。

本節の結果では，視覚情報のみからは直喩が多く産出される傾向が確認できた。次節では，視覚情報の得にくい場合には隠喩を用いるのかという疑問を検証する。

3.3. 視覚情報の曖昧な喩辞における隠喩

本節では，視覚情報の得にくい架空生物が喩辞となる例を調査し，視覚情報と比喩表現の関係を考察する。そして，3.1 節で得た隠喩の傾向（視覚情報の影響）を検証する。また，隠喩において「被喩辞が喩辞になる」のような変化の表現が得やすいのか，あるいは変化の表現がどのような意味を担うのかも調査する。

3.3.1. データ

3.1 節と同様に，BCCWJ を用い，語彙素「鬼」の用例を収集した。架空生物である鬼は，節分時に使われる面等によって，概ね普遍性のある外観を有すると考えられている。但し保田（2011）では，日本語母語話者の描画は人型であることのみ一致するが，体色は赤や青など様々で，角の本数なども一定せず，類似したものとはなっていない。体型や身体部位の形状など視覚的情報が多様であることは，犬や兎のような実在の動物も同様である。しかし，犬や兎では日本語母語話者の想定するプロトタイプが存在し，イメージが固定的となるため，体色を含め，類似した描画となることが報告されている。

語彙素「鬼」を含む用例（2,750 件）から人手による判断で喩辞が鬼，被喩辞が人に関する比喩表現を抽出し，意味的な分類を行った。さらに隠喩と直喩に分類した。人手による判断は，喩辞の前後 200 語の情報に基づく。

3.3.2. 結果

取得した比喩表現の用例は 22.3%（613 件）であった。この 613 件中，慣用句（106 件）

と「大きい・粗い」という意味になる接頭語（28件）を除いた479件のうち，人を喩辞とする416件（隠喩302件，直喩114件）を分類対象とした。なお，喩辞の前後200語から意味的な分類の判断が困難な場合は「特定不能」とした。分類結果を表5に示す。

表5　鬼を含む比喩用例の意味的な分類

意味的分類	隠喩	直喩
非情（合理的）	44 (14.6%)	4 (3.5%)
厳しい（管理）	43 (14.2%)	13 (11.4%)
外観	29 (9.6%)	33 (28.9%)
甘やかさない	25 (8.3%)	0
人外	22 (7.3%)	10 (8.8%)
＊特定不能	21 (7.0%)	3 (2.6%)
敵・討伐対象	18 (6.0%)	3 (2.6%)
執念	18 (6.0%)	8 (7.0%)
殺す	15 (5.0%)	2 (1.8%)
卓越した技能	14 (4.6%)	11 (9.6%)
残虐な行動	12 (4.0%)	3 (2.6%)
勇猛・強い	10 (3.3%)	9 (7.9%)
警察	6 (2.0%)	0
嫉妬する・恨む	6 (2.0%)	1 (0.9%)
護国	6 (2.0%)	0
畏怖対象	5 (1.7%)	6 (5.3%)
その他	8 (2.6%)	8 (7.0%)
計	302 (100.0%)	114 (100.0%)

　表5では，隠喩の用例数が直喩の約3倍である。これは，鬼の形状イメージが固定的でなく形状に関して直喩で用いにくいためか，あるいは鬼の出現に際し，隠喩を用いやすい文脈があるためと考えられる。

　直喩の用例の28.9%が外観に関する用例であった。隠喩は，非情（14.6%）や厳しい（14.2%），甘やかさない（8.3%）のような内面的な性質に関して用いられる割合が高い。すなわち，鬼においても，隠喩と直喩は3.1節で見た動物群と同様の傾向で使い分けられている。例えば，直喩でも厳しい（11.4%）は高い割合であるが，この場合は性質というよりも前後に見られる動詞を補足的に説明する修飾語句として用いられる傾向がある（27）。一方，厳しい（14.2%）の隠喩では，説明が前後に長く連なる（28）か，「鬼の山田」のような「鬼の＋人名」または「鬼婆」のような接頭語として「鬼＋名詞」の形で用いる使い分けが行われていた。

（27）　その塾頭さんが鬼のように厳しく若い修行者を鍛えた。　　　（松原泰道「洗心」）
（28）　そのタイミングで，すでに鬼の顔をのぞかせていた男と出会うのである。（改

行）「ハダシ」とは，もちろん裸足である。その春のキャンプから，これはと
思った若手打者に，クツを脱がせてバットを振らせた。

（伊村雅央「背番号三桁」）

同様に，直喩で 9.6% という比較的高い頻度の用例に，卓越した技能について言及する
例がある。たとえば，（29）のように直喩ではある一現象について用いられ，（30）のよう
に隠喩（4.6%）では文を連ねた説明の結果として用いられている差異が見られた。

このように，隠喩と直喩がどちらも用いられる意味的分類例においても，隠喩は慣用さ
れ固定化するか，多くの説明を連ねた文脈の集約した融合結果であるのに対し，直喩は視
覚的な描写に関して修飾的に用いられるという使い分けの傾向が現れていた。

(29)　力勘打ちはプレッシャーに敏感な打ち方であり，寄る時は鬼の如き寄り様を見
　　　せるが，寄らない日はまったく寄らない打ち方と思う。

（坂田信弘「週刊ゴルフダイジェスト」）

(30)　まだ，"白い" 印象があるが，ここから特撮モデルマイスターの三池敏夫氏の腕
　　　前の見せ所である。（中略）精密ではあるが，まだのっぺりしている天母城天守
　　　閣。ここから鬼のディテイールが追加されるのである

（黒井敏典「戦国自衛隊 1549 オフィシャルガイド」；原文ママ）

但し，隠喩でも外観について 9.6% という比較的高い頻度で用例が見られる。しかし，
詳細は（31）のように「鬼の形相」として固定的な表現に限定される傾向があった。一方，
外観に関する直喩は，（32）や（33）のように様々な種類が見られる。鬼の直喩は見立て
の根拠となる視覚的情報が具体的に文脈上で得にくく，被喩辞（TD）が怒りや疲労，酔
いや病など，通常とは異なる・並外れた状態にあることとの共起関係で使われている。ま
た，このように並外れた状態にある被喩辞（TD）の外観的特徴から，喩辞（SD）の顔色
などの視覚的情報が類推される，相互作用的な補完のなされる比喩表現ともいえる。すな
わち，直喩は視覚的情報を見立てる性質があるために，プロトタイプが固定的でない喩辞
（SD）の視覚的情報を補うのであろう。

(31)　鬼の形相で「こんな球も捕れないのか！」と，僕にボールをぶつける父が居た。

（嘉門達夫「口笛吹いて」）

(32)　残った者も，みんな飢えてやせさらばえ，疲労困憊して，顔色が鬼のようで
　　　あった。　　　　　　　　　　　　　　　　　　（村井章介「日韓中の交流」）

(33)　（前略），父を見上げてみると，普段のあかぎれのような細い目はそこにはなく，
　　　カッと見開いた鬼のような目が光っている。（徳光正行「せんえつですが …。」）

なお，意味的な分類が困難な「特定不能」では，隠喩の 7.0% の用例が，取得した文脈

のみでは意味を読み取ることが不可能であり，長い文脈の確認が求められる。但し，本稿の調査では，同じ喩辞と被喩辞の組み合わせの直喩が出現した後に，直喩指標を省略したと判断される隠喩の例は見つからなかったが，隠喩の後に，その隠喩の補足や解説，あるいは直喩が現れる例はあった。鍋島（2016）の示す「長距離シミリ」の例に該当し，広く直喩と分類すべき例とも言える。たとえば，（34-a）の「鬼」は，物語展開を追えば発言者の「伯父」，つまり人間が被喩辞となっている用例だが，取得した前後 200 語のみでの判別は困難であった。しかし，1,100 語後（34-b）に同じ喩辞と被喩辞に関する説明が現れ，（34-a）が隠喩であると補強される。

(34) a. （前略）「勝ったのが嬉しいから笑うのじゃない。鬼が居ないとこんなにも楽しいものかと思ったら笑えて来るのだ。ははは」と又笑う。

（山田風太郎「達磨峠の事件」）

　　b. 「軍人だから笑わんて事があるものか。それに今度合格しなけりゃ腹を切れなんて云やがる。だから，鬼って言ってやるんだ」
　　　伯父の厳格さが時には苛酷にさえ見える事は，三郎もよく知っていた。

（同上）

(34) は，同じ人物のエピソードが同テキスト内に連なっていた例である。しかし，文脈上，直喩形式や補足説明が必ず得られるのではない。あるいは，隠喩であることを示す指標のようなものは見つかるのだろうか。前節では，隠喩でも融合領域の活性化が「なる」の表出によって示されていると見える例があった。そこで，隠喩の用例における「被喩辞が喩辞になる」のような変化の表現の出現状況について見てみることとする。

BCCWJ において語彙素「鬼」と共起する動詞で最も高頻度なものは「なる」であった（2.7%／2,750 例中，以下同）。「なる」に次ぐのは，「する（1.6%）」「いる（1.1%）」となる。この「鬼」と共起する「なる」のうち，「（人が）鬼になる（1.9%）」という形で出現するものが 71% と大半である。すなわち，「鬼」を用いた隠喩の全用例のうち 50 例（14.8%）で「鬼になる」という変化の記述が得られた。なお，直喩の「鬼のように／鬼のような～に・なる」は 2 例（1.4%）にとどまる。この 2 例の直喩は，外観上の見立ての変化を示している。(35) と (36) は変化の記述を含む隠喩の用例である。

(35) 「そこがいいんですよ。躾のためには鬼にならなくてはいけないこともあります」（改行）「全くです。私は鬼ばばでございます」（鈴木健二「女らしさ物語」）

(36) 現にアルヴィンツィ将軍は復讐鬼と化しながら，すでに北方トレントに軍勢を集結させ始めている。　　　　　　　　　　（佐藤賢一『オール讀物』）

(35) では「鬼ばば」という隠喩について，前文脈に「なる」が現れた例である。前後の文脈で「鬼になる」という変化の記述があることで，隠喩であることが決まる。また，類

似した変化の表現には「なる」のほか (36) のように「化す」などの表現も見られる。

このように，隠喩は一般に指標のない比喩表現であるが，前後の文脈中に，比喩表現の手がかりとして「なる」のような変化を表す記述が示される場合があるといえる。3.2 節の (26) も，同作文中で慣用表現ではない隠喩「ベッドの馬」の前には，直喩と隠喩の間に「なる」が現れていた。このことから隠喩は，起点領域 (SD) から目標領域 (TD) への投射を行った結果，融合領域において「なる」による特性の結びつけが行われている。もしくは，「なる」が隠喩を字義通りの意味ではないと知らしめる指標として，文脈の途中に用いられているともいえる。また，喩辞と被喩辞とが同一視に近い融合が行われるがゆえに，外観的な要素にとどまらない類似性を言及する際，隠喩が用いられやすいのであろう。

4. 直喩と隠喩，喩辞と被喩辞の関係性

これまでの調査では，直喩と隠喩には (37) にまとめる使い分けの傾向が見られた。

(37) 直喩は主に被喩辞 (TD) の視覚的な状態を喩辞 (SD) との類似性で説明するため，物事の修飾として用いられる傾向がある。一方，隠喩は物事の文脈における性質や行動をすべて集約した言い換えとして用いられる傾向がある。もしくは，文脈が広く人口に膾炙しているため説明の不要な，慣用され固定した用例である可能性が高い。

加えて，隠喩の使用については (38) の可能性も考えられる。

(38) 隠喩の指標として「被喩辞が喩辞になる」のように，喩辞と被喩辞の関係が「被喩辞から喩辞への変化」として言及される場合がある。隠喩の使用には，融合領域における同一視に近い本質的な類似性の結びつきが求められる。

3.3 節の (35) と (36) に見られるような「被喩辞が喩辞になる」という変化表現は，鬼のような架空生物に限って現れるのではない。3.1 節に挙げた例では，たとえば犬は 161 の隠喩用例のうち，9 例で「なる」が見られる。また，3.2 節の (26) でも直喩で用いた後に，同じ喩辞と被喩辞を隠喩でも用いる現象がある。本節では，(38) に示した「被喩辞が喩辞になる」という変化を表す用例に着目し，(37) に挙げた隠喩の特徴である「言い換え」との関係を考えたい。そのため，以下について考察する。

隠喩は TD が SD に変化したと認識するほど，SD に類似した TD の情報が積み重なる。(4.1 節)

慣用表現に見る隠喩は，TD が SD に変化する前提を含む。(4.2 節)

①②を踏まえ，隠喩と直喩の構造の異同，隠喩と直喩の関係性を考察する。(4.3 節)

18　　　　　　　　　　認知言語学研究　第 3 巻

4.1.　隠喩において変化する TD 認識

　喩辞（SD）が動物，被喩辞（TD）が人の隠喩の例について，これまでの調査よりも長い文脈を見る。(39) は，3.1 節で見た SD が犬の隠喩の例であるが，3.1 節では前後 200 語という制限から意味分類の判断は不明として扱っていた。

　　　(39)　滝沢は警察を辞めても崔虎のイヌだった。　　　　　　　　　　　（馳星周「鎮魂歌」）

　この「滝沢」という人物に関して，(39) の 1,448 文字前に (40) が見つかる。ここでも「なる」という変化の言及があり，その後に (39) の隠喩例が示されている。

　　　(40)　だから，崔虎のイヌになった。　　　　　　　　　　　　　　　　　　　　（同 39）

　(40) は，警察に所属する滝沢がマフィア（崔虎）に弱みを握られた経緯の後に現れる。(40) の後には滝沢がマフィアに警察の情報を流す文脈が続き，滝沢は警察を辞めさせられることになる。その後，(39) が現れる。

　但し，(39) の喩辞は (40) における「警察の情報をマフィアに流す」といういわゆる「間諜」の意味で用いられているのではない。(39) において，警察は辞めていることが言われている。しかし，(39) の後に続くのは，「滝沢」がマフィアのために情報収集をしている文脈である。(39) はその後に続く複数の場面（エピソードなど）の積み重ねから遡って，「諜報」の意味の隠喩とわかる。

　(39) も (40) も，「手先として情報収集する」という辞書語釈に挙げられる意味で用いられているが，短い文脈からでは明確な意味を読み取ることはできない。しかし，(40) は「なる」という変化が示されることで，文脈から隠喩の明確な意味を特定することが可能となる情報提供の存在が読み取れる。よって，「被喩辞（TD）が喩辞（SD）になる」のような変化の指標は，テキストに現れる隠喩の補助として挿入される可能性があろう。

　また，隠喩として用いられるためには，行動や性質に関わる文脈が要されるともいえる。(39) の後には，諜報活動に勤しむ意味として，情報収集のための場面が示される。

　これらの例から隠喩は，被喩辞（TD）が喩辞（SD）に変化する記述が可能なほど，被喩辞と喩辞を同一視する見立て[11]であると考えられる。また，その見立てが成立するために多くの文脈情報が必要となる。あるいは，3.3 節の (34) のように，解説的な補足情報が比喩表現の用いられた場面から切り離された遠い文脈から得られる。隠喩と直喩は指標の有無の使い分けではない。直喩の見立てを説明した情報は，3.1 節で示した (3) や (4) の例をはじめ，ごく近い文脈から得られる傾向があり，隠喩とは出現状況の傾向が異なっ

---

　[11] Chiappe and Kennedy (2001) の調査における喩辞と被喩辞の類似性の高低とは，このような変化表現が使用可能であるかどうかということとも関わることが考えられる。

ている。

4.2. 慣用的な隠喩に見られる TD の前提的変化

　同じく喩辞（SD）が動物，被喩辞（TD）が人の隠喩例である，慣用表現について考えてみたい。(41) と (42) は，尻尾の例である。これらは一般的に慣用句として用いられる隠喩の例である。

(41)　尻尾を振る：彼が上の人間に尻尾を振っているところはほとんど見たことがないし，そもそも四十近くでいまだに巡査部長というのが解せない。

（小川勝己「彼岸の奴隷」）

(42)　尻尾を出す：最上はついに尻尾を出したのである。

（岳宏一郎「群雲，関ケ原へ」）

　但し，BCCWJ において「名詞のような尾（語彙素）／尻尾（語彙素）」が，動詞の「振る／出す」などと共起する例はなく，そもそも尻尾が被喩辞となる比喩表現は，尻尾の形状が焦点となる例しかない。

　また，直喩であれば「犬のように尻尾を振る」や「狐のように尻尾を出す」という表現は可能であるが，被喩辞が人であれば尻尾はなく，振ることも出すこともできないため，人が犬や狐などに類似した尻尾を有する前提があろう。なお，被喩辞が尻尾を有する動物などで，直喩が動詞に係る場合（「犬のように」「振る」）は，意味が異なる。

　(41) のように「彼」が人にない尻尾を振るためには，犬などに変化することが必要である。さらに (42) では，まず狐が人になり，その人になった狐が人にはない尻尾を出すことが前提となる。そのうえで，その人が「人になった狐」になるという融合領域における二重の変化が必要となる。そのため，辞書見出しになるような慣用表現であっても，隠喩として読みとるためには，前提として「被喩辞が喩辞になる」変化の認識がなければならない。

4.3. 隠喩と直喩の異同のまとめ

　ここまでの議論をまとめる。同じ喩辞と被喩辞の組み合わせの場合において，隠喩と直喩はそれぞれ意味的な使い分けの実態がある。ここで言う使い分けとは，直喩は主に被喩辞の視覚的な状況説明のために，喩辞（SD）の形状など被喩辞（TD）との類似点が近接文脈で指摘される傾向にある。性質的な意味において直喩が用いられる場合も，喩辞（SD）の視覚的な動作や状態が焦点とされる。このように，直喩は喩辞（SD）が被喩辞（TD）に写像されれば足る。対して，隠喩は内面的な類似性，つまりエピソードの積み重ねが凝縮した結果としての喩辞を用いる，あるいは社会的・文化的に用例を積み重ねた結果として，固定的・形式的な表現を用いる傾向にある。隠喩においては前節で述べた喩辞

(SD) と被喩辞 (TD) の融合が必要となり，「なる」のような同一化に至る変化表現として融合領域が表出することがある。

　以上の点において，隠喩と直喩は指標の有無の違いに留まらず異なる表現手法として使い分けられているといえる。但し，直喩として言及される場面的な見立てが，積み重なることによって起点領域 (SD) が目標領域 (TD) と同一視可能な程度に融合すれば，隠喩として用いられる可能性はある。その点で，隠喩と直喩は見立ての度合いの差であり，両者は連続的であり得る。

　隠喩と直喩の異同を図 2 に示す。被喩辞 A と喩辞 B の関係は着目された類似性であるが，表現の産出されている過程の異なる可能性が考えられる。直喩は被喩辞 (TD) を喩辞 (SD) に見立てる指標でそれらの類似性を言うのに対し，隠喩は同一視レベルでの見立てを必要とする。よって隠喩は，融合領域の指標として，同一視に近い変化の表現が現れることがある。

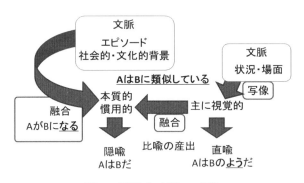

図 2　隠喩と直喩の産出

5. おわりに

　本稿は，隠喩と直喩に使い分けがあるのか，また使い分けがどのように生じているのか，客観的なデータによって実態を確かめた。同じ喩辞と被喩辞の組み合わせの隠喩と直喩は，用例の文脈が異なり，意味的に使い分けられる傾向がある。比喩用例を意味的に分類することで，直喩が視覚的，隠喩が内面的な類似性を表す際に用いられやすいという分布が確認された。このことは，視覚的情報のみの映像を用いた作文実験による比喩表現の産出においては直喩が用いられ，視覚情報の曖昧な喩辞の場合には隠喩が用いられやすいという検証結果からも裏づけられる。

　また，指標の有無の違いとすれば，なぜ使い分けが生じるのか，比喩表現用例の産出状況を文脈から確認した。直喩と隠喩は，産出過程が異なるという可能性がある。文脈との関係として，直喩は主に視覚的な状況説明のために，被喩辞 (TD) の形状などの喩辞 (SD) との類似点が近接文脈で指摘され，写像が成立するが，隠喩は本質的な類似性と認

識されるに至るエピソードの積み重ねや社会的・文化的前提を要し，またそれらが融合領域で集約して隠喩が現れるという差が見られた。そのため，隠喩は文脈上に融合領域の表出として同一化に至る変化表現が出現する場合がある。

　なお，本稿で扱った用例の分析によって，比喩表現が用いられるにあたり，直喩と隠喩それぞれに必要な文脈上の要素が推察された。今後，比喩表現の大規模な用例収集への応用を考えている。

参考文献

楠見孝（2005）.「心理学と文体論：比喩の修辞効果の認知」中村明ほか（編）『表現と文体』東京：明治書院，pp. 491-501.

国立国語研究所（編）（2004）.『分類語彙表増補改訂版データベース』http://.ninjal.ac.jp/corpus_center/.html#bunruidb

中村明（1977）.『比喩表現の理論と分類』東京：秀英出版.

鍋島弘治朗（2016）.『メタファーと身体性』東京：ひつじ書房.

保田祥（2011）.「名詞の百科事典的意味の抽出方法とその有用性：内省・描画実験・コーパス調査」神戸大学未公刊博士論文.

Barnden, J. A. (2015). Metaphor, simile, and the exaggeration of likeness. *Metaphor and Symbol*, 30(1), 41-62.

Barnden, J. A. (2016). Metaphor and simile: Categorizing and comparing categorization and comparison. In E. Gola & F. Ervas (Eds.), *Metaphor and Communication* (*Metaphor in Language, Cognition, and Communication*) (pp. 25-46). Amsterdam: John Benjamins.

Chiappe, D., & Kennedy, J. M. (2001). Literal bases for metaphor and simile. *Metaphor and Symbol*, 16, 249-276.

Fainsilber, L., & Ortony, A. (1987). Metaphorical uses of language in the expression of emotions. *Metaphor and Symbolic Activity*, 2, 239-250.

Fauconnier, G., & Turner, M. (2002). *The way we think: Conceptual blending and the mind's hidden complexities*. New York: Basic Books.

Gibbs, R.W., & Franks, H. (2002). Embodied metaphor in women's narratives about their experiences with cancer. *Health Communication*, 14, 139-165.

Lakoff, G. (1993). The contemporary theory of metaphor. In A. Ortony (Ed.), *Metaphor and thought* (2nd ed., pp. 202-251). Cambridge: Cambridge University Press.

Langacker, R. W. (1990). Subjectification. *Cognitive Linguistics*, 1(1), 5-38.

Miller, G. A. (1993). Images and models, similes and metaphors. In A. Ortony (Ed.), *Metaphor and thought* (2nd ed., pp. 357-400). Cambridge: Cambridge University Press.

Stegar, T. (2007). The stories metaphors tell: Metaphors as a tool to decipher tacit aspects in narratives. *Field Methods*, 19(1), 3-23.

Wang, Z., Jia, Y., & Lacasella, P. (2015). A comparative analysis of Chinese simile and metaphor based on a large scale Chinese corpus. In M. Sun, Z. Liu, M. Zhang, & Y. Liu (Eds.),

Chinese Computational Linguistics and Natural Language Processing Based on Naturally Annotated Big Data: Vol. 9427. *14th China National Conference, CCL 2015 and Third International Symposium, NLP-NABD 2015, Guangzhou, China, November 13-14, 2015, Proceedings*（pp. 77–88）.

Williams-Whitney, D., Mio, J. S., & Whitney, P. (1992). Metaphor production in creative writing. *Journal of Psycholinguistic Research*, 21, 497–509.

What is the Difference Between Metaphor and Simile?: A Corpus-Based Approach to Figurative Expressions

Sachi KATO, *National Institute for Japanese Language and Linguistics*

Abstract

The difference between metaphors and similes is the presence or absence of a simile marker, such as *-you* in Japanese. However, how do we use *metaphor* and *simile*? We can assume pragmatic or rhetorical differences between them in language production. In this paper, we explore their structural differences based on two corpus analyses, (1) and (3), and production experiments, (2).

(1) First, we extracted examples with fixed pairs of vehicle and topic from a corpus ('The Balanced Corpus of Contemporary Written Japanese') and categorized the examples as metaphors or similes. We then explored the differences between these two classes. The results show that similes appear when visible similarity is focused, whereas metaphors appear when invisible similarity is focused.

(2) Second, we performed production experiments in which subject participants write essays on the contents of a story after watching grammelot-style movies, which lack real spoken language. Only similes appeared in the essays on the videos' contents.

(3) Third, we explored metaphors with vehicles whose visible shape is unclear. The examples show that their similarities tend to involve invisible characteristics. In order to describe such characteristics, episodes and contexts explaining the characteristics and attributes must appear. Moreover, in several episodes, the Japanese marker *naru* 'become' was frequently used to express transformation.

These results show the following: Similes describe similarities in visible features (e.g., shape) in the respective contexts, whereas metaphors describe similarities in invisible features (e.g., content). Metaphors appeared with expressions of transition or transformation (e.g., *become*) as revelations of "blended space" (Fauconnier & Turner, 2002, etc.). Therefore, the differences between metaphors and similes appeared in a blended space in which the focused elements are connected in mapping from the source domain to the target domain. Though metaphors and similes resemble each other in focusing on similarities between the source and target domains, they have different contexts because of different production processes.

修辞的効果を生み出すカテゴリー化

──日本語における類の提喩の機能的多様性──[*]

小松原哲太（立命館大学）

要旨

　本論文の目的は，日本語の類の提喩（i.e. 一般で特殊を表す提喩）を考察対象として，その多様な機能の基盤となる認知的特性を明らかにすることである。修辞的効果は一般に，慣用的な用法から外れている場合に生じることが知られているが，この外れ方にはパターンがある。類の提喩の修辞的効果は，非慣習的な着眼点にもとづく上位レベルのカテゴリー化を反映している。類の提喩は，コンテクストに応じて多様な機能（e.g. 未知性を示唆する，特定の側面を際立たせる，婉曲性を示す，無関心であることを暗示する）を担うが，全ての機能は，類の提喩特有のカテゴリー化のパターンを反映している。本論文では，認知的特性に着目することで，修辞学で断片的に記述されてきたレトリックの効果が体系的に記述されることを例証した。

キーワード
レトリック，提喩，認知文法，前景化／背景化，コンテクスト

1.　はじめに

　隠喩（metaphor）や換喩（metonymy）などのレトリック（i.e. 修辞）は，認知言語学の中心的な研究トピックの1つとして注目されている（e.g. Lakoff & Johnson 1980; Panther & Radden 1999）。レトリックが概念体系や日常経験を秩序立て，言語だけでなく認識や行動に影響を与えるという点に，認知的な意味でのレトリックの重要性がある（Lakoff &

---

　[*] 本研究は，文部科学省の科学研究費補助金（課題番号：17K13451）の助成を受けて行われている。本論文は，2016年10月に京都大学で行われた京都言語学コロキアムの研究発表がもとになっている。発表の機会を下さった谷口一美先生（京都大学）と京都大学人間・環境学研究科谷口研究室の院生諸氏に感謝申し上げる。また，2017年5月に立命館大学で行われた立命館大学認知科学研究センターの研究会でも，本論文に関連する有意義な議論を行うことができた。研究会を運営されている東山篤規先生（立命館大学）をはじめとした諸先生方，および研究会にお誘い下さった大石衡聴先生（立命館大学）にも心より御礼申し上げたい。最後に，本論文の匿名査読者の方々からは，不備や不明瞭な点のご指摘，また有益なコメントを多数いただいた。ここに記して感謝の意を表したい。

Johnson 1980: 139–146)。

　本論文で論じる提喩（synecdoche）は，カテゴリー化（categorization）という，言語の基盤となる認知能力に深く関係するレトリックである。「提喩」という修辞学用語がカバーする言語現象の範囲を画定することは簡単ではないが，提喩の典型例は，あるカテゴリーの成員一般をその特殊例で表す，あるいは反対に，ある特定の事物をより一般的な類で表す表現である。前者の場合，つまり一般を特殊で表す提喩の例としては，「昼ごはん」における「ごはん」の用い方が挙げられる。「ごはんとおかず」の「ごはん」の意味と比較すると分かるように，ここでは語の適用範囲が文字通りの意味（i.e. 米飯）よりも拡大された意味（i.e. 食べ物一般）で用いられている。また，後者の場合，つまり特殊を一般で表す提喩の例としては，「花見」における「花」の用い方が挙げられる。ここでの「花」は，「花と野菜」のような場合の「花」とは異なり，桜という特殊例だけを表すという点で，文字通りの意味よりも縮小された意味で用いられている。提喩は，言語によるカテゴリー化が固定されたものではなく，柔軟に伸縮することを示す言語現象として注目される。

　従来の研究では，提喩とは“何であるか”に関心が寄せられており，提喩の基盤となる能力と解釈のメカニズムの解明を試みる研究が主になされてきた（山梨 1988: 103–111; 森 1998; Seto 1999; 山泉 2005）。これに対して，提喩が“何のために”用いられるのかという機能の問題は，先行研究では断片的な記述がなされているのみで，体系的には論じられていない。提喩の構造は，具体的な使用のコンテクストにおける提喩の機能に動機づけられている。レトリックは広い意味で効果的な言語使用であり，意味が伝達され理解される際に何らかの表現効果を生み出すというレトリックの機能の解明は，レトリック研究の重要課題であると言える。

　本論文では，日本語における一般で特殊を表す提喩，つまり抽象化された表現を用いる提喩を考察対象とし，その表現効果を体系的に記述する。提喩は一見すると，いかにもレトリックらしい，奇抜さと印象的な効果からは縁遠いように見える。しかし，文学テクストの用例の中には，特別な表現効果を生み出す (1) のような例も珍しくない。「木村」は，作品中ではほぼ一貫してその姓によって言及されているが，第 1 文と異なり，第 3 文では「男」という不特定で一般的な表現によって描写されている。この提喩には，「葉子」が，「木村」という特定の人物の内的感情には無関心であり，単なる「男」の外的特徴を観察しているという，葉子の木村に対する冷静な態度を暗示するレトリックとしての効果が認められる。[1]

---

　[1] 固有名の代わりに同類一般を表す名称を用いる，あるいはその逆を用いる表現は，修辞学で換称（antonomasia）と呼ばれる場合がある（佐藤 1978: 171）。本論文では，佐藤にしたがい，換称を提喩の下位類とみなす。

(1)　木村は自分の感情に打負かされて身を震わしていた。そしてわくわくと流れ出
　　　る涙が見る見る眼から溢れて，顔を伝って幾筋となく流れ落ちた。葉子は，そ
　　　の涙の一雫が気まぐれにも，俯向いた男の鼻の先きに宿って，落ちそうで落ち
　　　ないのを見やっていた。　　　　　　　　　　　　　　（有島武郎『或る女』: 199)

　レトリック研究で機能の問題が深く掘り下げられてこなかった理由の1つは，「効果」
の内容を直接的に記述しようとすると，個人的な印象論の域を出ないことが多いという点
にあると思われる。レトリックの記述は，さまざまなコンテクストにおける多種多様な概
念内容に及ぶ。しかし，概念内容が多様であっても，その内容（content）に対する捉え方
（construal）にはパターンがある。レトリックの表現効果，すなわち修辞的効果は，レト
リックに内在する捉え方のパターンを分析することで，より具体的かつ体系的に記述する
ことが可能である（小松原 2016: 60-68）。本論文では，認知文法のフレームワーク（Lan-
gacker 2008）を背景として，修辞的効果をもたらす提喩の捉え方の図式（schema）を明ら
かにし，多様な修辞的効果を体系的に記述する。
　以下では，まず提喩とは何かを明確にし（2節），提喩が修辞的効果をもつための条件
を考察する（3節）。4節で，認知言語学の観点から，提喩の捉え方の図式を分析する。5
節では，具体的なコンテクストによってどのように図式が具体化されるかを分析すること
で，修辞的効果の体系的な記述を試みる。

2.　提喩

　提喩（synecdoche）という用語に対応する言語現象の範囲は，歴史的変遷の中で大きく
揺らいできた（Nerlich 2010）が，全体（whole）の代わりに部分（part）を，または
種（species）の代わりに類（genus）を用いること，あるいはそれらの反対を用いること
（Lanham 1991: 148）という定義が，修辞学における提喩の標準的な定義として採用されて
きた。
　部分全体の提喩は，部分で全体を表す（2a）のような例と，全体で部分を表す（2b）の
ような例に分けられる。（2a）では「屋根」だけでなく全体としての家の並びが問題になっ
ている。これに対して（2b）では壁や窓などが捨象され，ノックする戸だけが問題になっ
ている。

(2) a.　石畳の並木道には，赤い屋根が並んでいる。
　　 b.　職員はお年寄りの家を，一軒一軒ノックして回った。
(3) a.　片栗粉を使ってもちもちのわらび餅を作ることができます。
　　 b.　夕食後には必ず甘いものを食べます。

同様に，類種の提喩は，種で類を表す（3a）のような例と，類で種を表す（3b）のような例に分けられる。ここでいう類と種とは，一般的な分類と特定の事例という程の意味である。（3a）のように，「わらび餅」はデンプンと水，砂糖から作る和菓子の総称として用いることができるが，厳密にはわらび粉を用いるものが本来のわらび餅である。（3b）の「甘いもの」は菓子類だけを指しており，「甘いもの」と苦いものを対比する場合とは異なり，砂糖やみりんなど，甘味を感じさせる調味料のたぐいは除外されている。

　提喩とは何かを明らかにする上で，提喩を，換喩の下位カテゴリーとみなすかどうかがしばしば問題になる（Zhang 2016: 18-20）。典型的な換喩の用例は，有段者を「黒帯」，陶器を「九谷」と呼ぶような表現（佐藤 1978: 121）であり，ここに共通するのは，ある存在の代わりにそれと何らかの近接性（contiguity）をもつ他の存在に言及している点である。この「何らかの近接性」の中には，部分全体の関係が含まれるという点で多くの論者が一致しており（e.g. 佐藤 1978; Lakoff & Johnson 1980; Seto 1999; Peirsman & Geeraerts 2006），（2）のような部分全体の提喩は，換喩に含まれると考えられている。しかし，（3）のような類種の提喩が，換喩に含まれるかどうかという点では意見が分かれている。

　一方では，類種の提喩は，換喩とは独立した別のレトリックとみなすべきであるとする説がある（佐藤 1978: 138-175; 籾山 1998: 71-75; Seto 1999）。佐藤（1978）の主張を受け，この説を最も尖鋭に打ち出している Seto（1999: 91-92）は，現実世界におけるある存在（entity）と別の存在の間の時空間的な近接関係を基盤とする指示的転移である換喩とは異なり，提喩は，より広いカテゴリー（category）とより狭いカテゴリーの間の意味的な包摂を基盤とする概念的転移であり，類種の提喩は換喩から完全に独立していると述べている。

　他方では，類種の提喩と，換喩の境界線は明確ではないとする説がある（Radden & Kövecses 1999: 34-35; 谷口 2003: 124-126; Peirsman & Geeraerts 2006: 301-308）。Radden and Kövecses（1999: 34）は，提喩を特徴づけるのは類種の関係であると述べつつ，カテゴリー階層の構造は，比喩的（metaphorically）に部分全体構造として概念化される場合があるため，両者を明確に区分することは難しいと主張しており，類種の提喩は換喩の下位カテゴリーとみなされている。

　2つの仮説の妥当性を比較するためには，言語的，認知的な実証的研究が別途必要になると思われる。上記の論争に関連して，本論文の目的に関連して強調すべきことは，類種の提喩は，カテゴリー化の能力という言語の基盤となる認知能力の中枢に関係しており，提喩の中でも，類種の提喩にはつねに中心的関心が向けられてきたという事実である。以上の点を踏まえ，本論文では，（3）のような類種の提喩を考察対象とし，その中でも特に類の提喩に焦点を当ててその機能のメカニズムを考察していく。

3. 提喩の修辞性

　類の提喩は，種の提喩とは異なる意味的特性をもつ。種の提喩は，隠喩と同じく，文字通りの意味で解釈すると矛盾する（e.g. "わらび" 餅は片栗粉で作ることはできない）ことが修辞的効果をもつ条件になっている。他方，類の提喩では，文字通りの意味で解釈しても矛盾はしない。例えば，「甘いもの」には甘いお菓子が含まれるという意味では，（3b）は文字通りの意味で理解できる。

　ではなぜ，類の提喩は修辞的効果をもつのだろうか。鍵となるのは，表現の抽象度である。トマトを「トマト」と表現する（4）と，「赤いもの」と表現する（5）を比較すると，（5）には，提喩の修辞性（i.e. 修辞的効果が生まれるきっかけとなる，慣用的な用法からの逸脱の度合い）が明瞭に感じられる。素朴な観察として，（5）の修辞的効果は，慣習的な基準よりも表現の抽象度の高さが際立っているということに起因しているように見える。

(4)　トマト祭りにきたはずが，<u>トマト</u>が全く画面に映っていない。

(5)　トマト祭りにきたはずが，<u>赤いもの</u>が全く画面に映らないという奇跡。トマトをぶつけあうはずが，終わってみれば 1 時間のおしくらまんじゅう大会。トマトにまみれた会場はわずか 1 時間で洗い流され，楽しみはまた来年。（「Q. 世界で一番盛り上がるのは何祭り？〜スペイントマト祭り〜」『世界の果てまでイッテ Q！』）

　より具体的には，類の提喩の修辞性は，どのような条件の下で高くなるのだろうか。以下では，（i）抽象度の高さの "基準" とは何かという問題と，（ii）抽象度が "際立っている" ことをどのように評価するかという問題を，順に考察していく。

　第 1 に，提喩の特性は，基本レベルで表現するものをわざとぼかして表現する点にある（森 1998: 52）。抽象度の基準を考察する上では，基本レベルカテゴリー（basic level category）の考え方が重要になる。基本レベルカテゴリーとは，機能的にも認識的にも優先度の高い物事の分類であり，ゲシュタルト知覚・イメージ形成が簡単で，学習・記憶・想起が容易であり，言語化がしやすい等の特性をもつ（Lakoff 1987: 13）。最後の特性は，特に重要である。例えば（6a）に示されるように，トマトは典型的には「トマト」という語によって言及される存在であり，特に必要がなければ「桃太郎」のようなトマトの特定品種を表す下位レベルの分類に言及されることは少なく，また「赤いもの」のように上位レベルの抽象的存在として言及されることも少ない。

　ただし厳密には，上位レベルまたは下位レベルの表現の適切性はコンテクストによって変動する。（6b）のように，大まかな視覚的特徴だけが問題となる場合には，上位レベルの表現も適切であり，（6c）のように，特定のフレーム知識（e.g. 園芸のフレーム）が喚起

されるようなコンテクストでは，下位レベルの表現も自然になる。

(6) a. 子どもが {?赤いもの／トマト／?桃太郎} をちぎって喜んでいる。

　　b. ふと見ると，{赤いもの／トマト／?桃太郎} が目にとまった。

　　c. {?赤いもの／トマト／桃太郎} は初心者でも安心して育てられます。

　注目すべき点は，「トマト」という基本レベルの表現が (6) の全ての場合に適切であることである。言語使用のコンテクストに依拠せず用いることができるという点で，カテゴリー化の基本レベルは，表現の抽象度の認知的基準となっていると考えることができる。

　第2に，表現の抽象度の際立ちを調べるためには，何らかの評価方法が必要になる。上下関係（hyponymy）を判定する語彙意味論の手法は，本論文の問題に応用することができる。上下関係とは，より特定的な語彙項目とより一般的な語彙項目との間に成り立つ範列的関係を言う（Lyons 1977: 291）。例えば apple と fruit は上下関係にあり，このとき apple を下位語，fruit を上位語と呼ぶ。X が下位語，Y が上位語を表す典型的な表現であるならば，(i) *Xs are my favorite Ys* (e.g. *Apples are my favorite fruit*)，(ii) *Xs and other Ys* (e.g. *apples and other fruit*)，(iii) *Is it a Y? — Yes, it's a X*(e.g. *Is it a fruit? — Yes, it's an apple*) 等の構文が適切に用いられることが知られている（Cruse 2004: 148–149; Croft & Cruse 2004: 141–142）。対偶を取れば，(i) から (iii) のような構文を用いることが適切でないならば，X と Y は典型的な上下関係にはないと言える。

　したがって，(7) (8) (9) の適切性のちがいは，［野菜］（以下，角括弧は概念を示す）とは異なり，［赤いもの］は［トマト］の典型的な上位概念ではないことを示していると言える。[2]

(7) a. 　トマトは私の大好きな野菜です。

　　b. ?トマトは私の大好きな赤いものです。

(8) a. 　トマトと他の野菜

　　b. ?トマトと他の赤いもの

(9) a. 　それ野菜？―うん，トマト。

　　b. ?それ赤いもの？―うん，トマト。

　(7) (8) (9) の適切性のちがいは，ともに［トマト］の上位カテゴリーである［野菜］と［赤いもの］に反映されたカテゴリー化が，質的に異なることも示している。一般に，ある存在がどの上位カテゴリーの成員とみなされるかは，どのような関心から分類をするか

---

　[2] 上下関係は厳密には，"語"の間に成り立つ意味関係である。しかし，上下関係の判定法は，「野菜」のような語であれ，「赤いもの」のような句であれ，類種関係全般の判定に自然に拡張できる。

によって異なる（e.g. 植物＞野菜＞トマト，色のあるもの＞赤いもの＞トマト，変化するもの＞傷むもの＞トマト，等）。Croft and Cruse (2004: 149) は，このカテゴリー化の着眼点を「関心の焦点（focal orientation）」と呼んでいる。(7b) の不適切性の一因には，色という観点から分類して好みを述べることが非慣習的であるという点が挙げられる。[3] 抽象度の際立ちに，関心の焦点の非慣習性が関わっていることは (8b) からも示される。より直接的な証拠として，(9b) は，色に着目したカテゴリー化が可能かどうか（i.e. その色であるかどうか）を問うこと自体が自然ではないことを示唆している。[4]

以上から，(5) のような，典型的な類の提喩では，カテゴリー化の基本レベルを基準として，非慣習的な関心の焦点を置いた上位レベルの言語表現を用いることから修辞性が生じていると言える。

4. 提喩の認知図式

3節では，典型的な類の提喩が修辞的効果をもつための条件を考察した。しかし，この条件からは，提喩がどのような効果を生み出すのかが具体的に予測されるわけではない。本節では，認知文法のフレームワークを背景として，修辞的効果のより直接的な基盤になる，提喩の意味を考察する。Langacker (2008) は，言語表現の意味は「概念化（conceptualization）」(*ibid.*, 30) であり，「意味は，概念の内容（content）とその内容の捉え方（construal）の特定の方法とからなる」(*ibid.*, 43) と述べている。本節では，提喩の意味のうち，捉え方の側面に注目する。以下ではまず，(i) 基本レベルと上位レベルの表現に反映された概念化を比較し，次に (ii) 類の提喩の捉え方の図式を考察する。

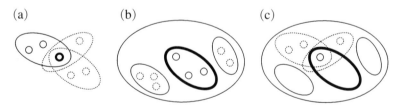

図1　基本レベルのカテゴリー化と類の提喩

まず第1に，基本レベルの表現と上位レベルの表現の，具体的な意味のちがいを分析しよう。図1 (a) は (6a) の「トマト」のような，基本レベルのカテゴリー化を示してい

---

[3] 大規模日本語 Web コーパス jpTenTen11 における語形の生起頻度は，「好きな野菜」は920件であったのに対して，「好きな赤いもの」は0件であった（2017年12月）。
[4] 例えば色覚障害によって赤色と緑色の区別がつきにくいなど，色がすぐに分からず，関心の焦点になる場合には (9b) の問答は自然になる。

る。円は種概念を示し，円を囲む楕円は類概念を示す。太線は指示対象（designated enti-ty）として概念内容が前景化されていることを示している。例えば「トマト」という語はデフォルト的に，［野菜］（＝実線の楕円）の概念を背景に，［トマト］（＝太線の円）を指示対象として前景化する。［野菜］の一種として［トマト］を位置づける場合，たいてい［キュウリ］［ナス］（＝細い実線の円）等の他の野菜との対比が喚起される。潜在的には，［赤いもの］［傷むもの］（＝点線の楕円）といった［トマト］に関する他の類概念も関係する。点線は概念化における際立ちが低いことを示している。

図1（b）は，(6b）における「赤いもの」のような，上位レベル表現の意味を，図1（a）との比較で示している。(6b）の「赤いもの」は，「目にとまった」ものが，［トマト］［血］［ポスト］などといったように，具体的には何であったか特定されていないことを表現している。ここでは，複数の種概念を含む類概念である［赤いもの］（＝太線の楕円）自体が指示対象として前景化されている。この漠然とした捉え方においては，［白いもの］［青いもの］（＝小さな楕円）など，他の色概念との対比が喚起される。外側の大きな楕円は，対比の基盤になる，［色のあるもの］のようなより上位の概念を示している。

第2に，(5）を例にとって，類の提喩の意味（図1（c））を考察しよう。(5）では，「赤いもの」という表現が用いられている。図1（c）の太線の楕円は，［赤いもの］が言語化されているという点で，図1（b）と同様に前景化されていることを示している。しかし(5）の「赤いもの」は［トマト］だけを指しており，(6b）とは異なり，他の［赤いもの］は問題にされていない。本論文では，以下，類の提喩がコンテクストの中で実質的に指示するものを，提喩のターゲットと呼ぶ。図1（c）において，太線の楕円の内部に円が1つしか描かれていないことは，［血］や［ポスト］など他の成員が意味解釈に関与しておらず，提喩のターゲットにはなり得ないことを表している。

また図1（a）の場合と異なり，類の提喩では，提喩のターゲットと，その基本レベルカテゴリーの他の成員（e.g.［キュウリ］［ナス］）との対比は背景化される。その一方で，より上位レベルのカテゴリーの成員（e.g.［白いもの］［青いもの］）との対比は前景化される。このことは，次の言語的振る舞いからも示される。

(10) a. マルゲリータピザは，緑のものと赤いもののコントラストが鮮やか。
　　 b. ?マルゲリータピザは，バジルと赤いもののコントラストが鮮やか。
　　 c. マルゲリータピザは，バジルとトマトのコントラストが鮮やか。

(10a) は，典型的なマルゲリータピザのレシピを想定した場合には，バジルにあたる「緑のもの」に対して，「赤いもの」がトマトの赤い色を際立たせる表現として理解できる。言い換えると，(10a) における「赤いもの」には，ターゲットが何であるかを特定する機能だけではなく，ターゲットのある側面を前景化するという機能も備わっている。(10a) のコンテクストでは，「赤いもの」がトマトを提喩的に表すことは明らかであるが，この

場合の「赤いもの」は他の野菜の種との対比でトマトを捉えているわけではない。仮に（10a）の「赤いもの」が，トマトを野菜の一種として前景化して捉える表現であるとすれば，「バジル」のような他の種と同じカテゴリーの成員として並立する，（10c）のような表現が適切になるはずである。しかし（10b）が示しているように，実際には「バジル」と「赤いもの」の並立は不自然である。したがって，（10a）の「赤いもの」は，種の対比ではなく，色の対比のみを前景化していると言える。[5]

　以上の考察から，類の提喩に内在する概念化の特性は，次の3点に要約される。この特性は捉え方（e.g. 前景化／背景化）のパターンであり，基本的には，概念内容によらず，類の提喩全体に共通する図式になる。

(S)　〈類の提喩の図式的特性〉

(S-1)　提喩が文字通りに表す，上位レベルの類概念に含まれる種概念（e.g.［トマト］［ポスト］［血］）の間の対比は背景化される。

(S-2)　提喩のターゲットを含むカテゴリーとして，典型的に喚起される類概念のうちに含まれる，種概念（e.g.［トマト］［ナス］［バジル］）の間の対比は背景化される。

(S-3)　提喩が文字通りに表す上位レベルの類概念を，さらに包接するカテゴリーとして喚起される，より上位の類概念に含まれる種概念（e.g.［赤いもの］［白いもの］［青いもの］）の間の対比は前景化される。

5.　提喩が生み出す修辞的効果の体系

　4節では，提喩に反映された概念化を考察した。図1（c）のような捉え方の図式は，全ての類の提喩に共通する概念化のパターンである。その一方で，提喩が関与する概念内容は多様であり，コンテクストによって，提喩はさまざまな修辞的効果を生み出す。

　本論文では，修辞的効果には図式の特性が反映されていると考える。鍵となるのは，提喩の図式が，個別事例におけるコンテクストの中でどのように具体化されているのかを明らかにすることである。以下では，コンテクストの条件によって，修辞的効果がどのように変化するかを記述する。5.1節で提喩の効果の多様性を概観した後，知識状態（5.2節），際立ち（5.3節），婉曲性（5.4節）に関するコンテクストの条件に着目して，提喩の修辞

---

　[5]「バジル」は典型的な野菜とは言えないが，食用に栽培される植物であるという点で，少なくとも拡張例としては野菜に含まれる。（11c）が示すように，「トマト」と「バジル」は同質のものとして並立可能であり，［バジル］が野菜の典型的な成員ではないということはここでの議論には影響しない。

的効果のちがいを記述する。

5.1. 修辞的効果の多様性

　類の提喩は，事例によってさまざまな機能を担うことが指摘されている。Mori（2006: 561）は，類の提喩は，ある存在の 1 つの性質を際立たせ，他の性質を背景化する修辞的効果を生み出すと述べている。この記述に適合する例として，例えば（5）の「赤いもの」は，トマトを視覚的特徴にもとづいて印象深く伝える効果をもつ。類似の記述として，佐藤（1978: 159）は「白いもの」で雪を表す提喩を論じながら，この提喩は「雪のもつさまざまの特性のなかで特に白さにだけ集中的に照明をあてている」と述べている。

　類の提喩の機能は，特定の性質を際立たせるだけではない。野内（2000: 31-32）は，「日本酒を飲む」ことを単に「飲む」と表現する例を挙げながら，分かりきった対象を特定することを避ける経済的な言語方略としての機能を提喩が担うことを指摘している。

　これらの観点とは異なり，中村（1991: 298-300）は，猫を表す「白い哀れな生きもの」という例を挙げて，すぐには猫とは特定できないような叙述が漠然とした雰囲気を強める手段になっていると述べている。これに関連した考察として，野内（2000: 32-33）は，提喩はあえて特定化しないことによって聞き手の想像力をかきたてる余情性を生み出すことがあり，この余情性は婉曲の効果に通じるとしている。大森（1988）は，提喩は語から喚起される人間の感情を表す効果があると述べている。これに関連する例として，本論文の冒頭で挙げた（1）の「男」は，その人物への無関心の態度をほのめかす効果をもつ。

　以上のように，類の提喩は多様な修辞的効果を生み出す。しかしこれまでの研究では断片的に記述がなされているのみで，効果の多様性がなぜ生まれ，互いにどのように関係づけられるのかは明らかではない。本節では，提喩の図式を共通基盤として，複数の効果を体系的に（i.e. 個々のものを統一的に関係づけて）記述することを試みる。

5.2. 知識状態——情報的条件

　まず，類の提喩は，提喩のターゲットが未知の存在であることを受け手（i.e. 聞き手／読み手）に示すために抽象的な言い回しを選んでいるものと，既知であるにもかかわらずあえて抽象的な表現を用いるものとに分けられる。未知であることを示す提喩の機能は，これまでの研究では注目されていないが，文学テクストの中で登場人物の知識状態を示す技法として類の提喩が用いられている例は数多く観察される。[6] 例えば（11）の「白い球状

---

　[6] ここでの論点に関連する研究として，鳶野（2014）が挙げられる。鳶野は，際だった一部分を言語化することによって名もなき登場人物を描写する表現を論じながら，この種の描写が用いられるのは，名前がないゆえに名前で呼ぶことができず，知覚的に際立った一部分で人物全体を表さざるを得ないためであると述べている。

の金属」という色と形状に着目した表現は，「ぼく」が異様な物音によって顔を上げた瞬間，最初「やかん」が何であるかを理解できなかったことを暗示する効果をもつ。(11)は登場人物の知識状態の変化を示唆しているのに対して，(12)は登場人物間の知識状態のギャップを示している。ここでの「青年紳士」という表現は「若い女たち」にとって「津村」が未知の人物であることを暗示していると解釈できる。

> (11)　と，異様な物音が，ぼくのすぐわきで起り，それが実になんとも形容しがたい音なので，ぎょっとして顔を上げると，<u>白い球状の金属</u>が上に向いた管状の口から白い蒸気をはき，激しく身をふるわせているのでした。それは電熱器にかけたやかんで，いつのまにかぼくはまた部屋にいるのでした。
>
> （安部公房『壁』: 82）
>
> (12)　坂を登って行く津村は，それらの丘の上の家々から若い女たちがちょっと仕事の手を休めて，この辺に見馴れない都会風の<u>青年紳士</u>が上って来るのを，珍しそうに見おろしているのに気づいた。　　（谷崎潤一郎「吉野葛」: 271-272）

　未知性の効果は，類の提喩の図式を基盤としている。すなわち，既知であればなされるはずの基本レベルのカテゴリー化（e.g.［やかん］）は背景化される。これに対して，より抽象的な上位レベルのカテゴリー化は前景化される。前景化される上位レベルと，背景化される基本レベルの抽象度の差は，ここでは前景化される未知状態と，背景化される既知状態の知識状態の差として具体化されていると解釈できる。

> (13)　病院付の牧師サルのテオへの手紙から推察すれば，自分の耳を切って女への贈物としたこの不思議な絵かきは，町中の好奇の的となり，退院して家に還って来ると，人々は「黄色い家」という檻に入れられた<u>奇妙な動物</u>を見物しに毎日集った。　　（小林秀雄「ゴッホの手紙」: 119）
>
> (14)　父親を悪い女に奪(と)られたと，死んだ母親は暇さえあれば，娘に言い聴かせていたのだ。蝶子が無理にとせがむので一，二度「サロン蝶柳」へセーラー服の姿を現わしたが，にこりともしなかった。蝶子はおかしいほど機嫌とって，「英語たらいうもんむつかしおまっしゃろな」<u>女学生</u>は鼻で笑うのだった。
>
> （織田作之助「夫婦善哉」: 53）

　これに対して，既知の存在にあえて抽象的な表現を用いる場合もある。(13)では，「奇妙な動物」が「絵かき」（i.e. ゴッホ）であることは明らかである。また(14)では，単に「女学生」として言及されている人物は「蝶子」の「娘」であり，既知の登場人物である。この2つの例は，ターゲットの未知性を示してはいないという点で，(11)(12)とは異なる効果をもつ。

　ただし，既知である場合は，ターゲットが既知であることを示すということが提喩の効

果になるというわけではない。(13) と (14) を比較すると，(13) の「奇妙な動物」という表現は，ゴッホの動物的な側面（e.g. 行動が理性的でない）を際立たせている。これに対して (14) では，「女学生」という呼び方は，女学生らしさを際立たせるわけではなく，疎遠な親子関係をほのめかす効果を生み出している。次節では，既知の条件を満たす提喩を，機能上さらに2つに分けるコンテクストの条件，すなわち際立ちの条件について論じる。

5.3. 際立ち──認知的条件

ターゲットとなる存在の特定の側面を際立たせることを目的としているかどうかは，意味伝達の上での重要な区分になる。典型的な類の提喩の特性の1つは，カテゴリー化における関心の焦点が非慣習的であるという点にある（3節）。このことは，類の提喩の多くが，コンテクストに依存した特別な関心によって動機づけられていることを示唆している（cf. 佐藤 1978: 159）。独創的な着眼点にもとづく類の提喩は，しばしば既知の存在に対して新たな意味づけを与える効果をもつ。

本論文で考察してきた (5) の「赤いもの」の提喩は，トマトをぶつけあうことで町中がトマトまみれになる祭りの情景を，色の面から端的に捉える表現であると言える。(13) のゴッホを「奇妙な動物」と呼ぶ描写は，「黄色い家」を「檻」にたとえる比喩との組み合わせによって，ゴッホが町の人々にとっての見世物になっていることを際立たせる効果をもつ。

(15) のように，提喩表現を述部とする分裂文（cleft sentence）にパラフレーズできることは，(13) のような提喩が，ターゲットについての新しい情報と理解を与える機能をもつことを示唆している。

(15) ゴッホが退院して家に還って来た後，人々が毎日集まって見物したのは「黄色い家」という檻に入れられた<u>奇妙な動物</u>だった。

ターゲットのある側面を際立たせてカテゴリー化するプロセスにもまた，類の提喩の図式が内在している。ここでは，基本レベルカテゴリーの基本的性質は背景化されると同時に，提喩表現が表す上位レベルカテゴリーの成員に共通する特定の性質（e.g. 赤い色）が前景化される。上位レベルと基本レベルのカテゴリー特性の前景／背景の関係は，ターゲットとなる存在の際立つ側面／際立たない側面の関係として具体化されている。

(14) のように，際立ちの効果を目的としていないように見える用例も観察される。(16) の「片仮名」は，専門用語である難解な外来語を意味すると考えられる。[7] しかし，片仮名

---

[7]「片仮名」は文字通りには表現媒体のタイプを表す。(16) の「片仮名」は外来語を意味する (i) のような定着した換喩（i.e. 表現媒体のタイプで表現を表す換喩）の用法として解釈できる。

(i) 長い<u>片仮名</u>を入れて短い俳句を作るのは難しい。

は日本語における基本的な表現媒体の形式であり，片仮名であることに注目しても，ターゲットになる言葉についての新情報は得られない。厳密に考えれば，片仮名であるということから，その言葉が外来語である，という語種に関する情報は得られると言えるかもしれないが，この情報はターゲットになる具体的な言葉についての新しい理解を与えるわけではない。このことは（17b）のように，提喩表現を焦点とした分裂文へのパラフレーズが不自然であることからも示唆される。同様に，（17a）が不自然であることは，（14）がターゲットの特定の側面を際立たせる機能をもたないことを示している。

(16)　赤シャツは時々『帝国文学』とかいう真赤な雑誌を学校へ持って来てありがたそうに読んでいる。が聞いて見たら，赤シャツの<u>片仮名</u>はみんなあの雑誌から出るんだそうだ。　　　　　　　　　　　　　　　　　　（夏目漱石『坊っちゃん』: 51）

(17) a. ?おかしいほど機嫌をとる蝶子を鼻で笑うのは，女学生だった。
　　　 b. ?赤シャツがあの雑誌から出してくるのは片仮名だそうだ。

5.4.　婉曲性——社会的条件

　ターゲットを際立たせる効果をもたない用例の中にも，異なるタイプの複数の修辞的効果が観察される。まず第 1 に，文化的あるいは社会的な理由からターゲットになる存在を回避するという目的で「際立たせない」ことを積極的に利用する提喩がある。死，排泄，性など，直接的に言及することがタブー視されている事柄や，身分の高い人に関連する事柄に用いられる，遠回しで抽象的な表現方法は修辞学では婉曲語法（euphemism）と呼ばれているが，例えば，排泄することを「用を足す」，月経を「生理」と表現するなど，類の提喩は婉曲の効果を生み出す手段の一つになる（野内 2000: 33）。(18) の「事実」は妊娠の事実を遠回しに描写しており，(19) の「悪い言葉」は，直前の「首でもくくって」という表現を婉曲的に表現する提喩であると言える。

(18)　まさかとは思ったけれども内々気を付けてみるとどうも怪しい，人眼に立つようになってからでは奉公人の口がうるさい（…）深く追求しかねるので腑に落ちないながら一箇月程捨てておくうちに最早や<u>事実</u>を蔽^{おお}い隠せぬ迄になった。

（谷崎潤一郎『春琴抄』: 33-34）

(19)　全身にまばゆい喝采を浴びたこの幸福な瞬間がなかったとしたら，彼はとうの昔に首でもくくって——いや，これは失礼。極めて小数の人達しか知らない<u>悪い言葉</u>を私はうっかり用いたのである。　　　　　　（坂口安吾「村のひと騒ぎ」: 22）

---

(16) の「片仮名」は換喩的に外来語一般を表し，さらにこれが特定の外来語を提喩的に表していると解釈できる。したがって厳密には，(16) の用例には，換喩と類の提喩が複合的に関係している。

際立ちの効果は，慣習的なカテゴリー化で背景化されている特別な関心の焦点を反映している。これに対して婉曲語法の用例は，慣習的なカテゴリー化でも喚起されやすい，ありふれた性質（e.g. 悪い）を前景化するという点で，これまで論じた提喩の捉え方とは微妙に異なっている。ここでは，前景化されるありふれた性質と，背景化される特定の性質の関係は，前景化される適正な言葉遣いと，背景化されるタブーの関係として位置づけられる。

　第2に，特に言及を避ける理由が無いにもかかわらず，あえて抽象度の高い表現が選択されている（14）（16）には，無関心の態度をほのめかす効果が観察されるという共通点がある。例えば（16）の「片仮名」は，具体的な用語の音形と意味を背景化し，語り手がその言葉の詳細に無関心であることを暗示している。（14）の「女学生」は，娘が「蝶子」に対してあたかも他人であるかのように無関心であることをほのめかす効果をもつと考えられる。

　無関心の効果を生み出す提喩は，婉曲の場合と同様に，ありふれた性質を関心の焦点とする上位レベルのカテゴリー化を反映している。両者の主なちがいは，婉曲の場合には文化的ないしは社会的理由から基本レベルを背景化するのに対して，無関心の場合には個人的，心理的理由から基本レベルを背景化するという点にある。

　無関心の効果をもつ提喩の用例は高頻度で観察されるわけではないが，本論文のアプローチでは，例外的に見える事例でも，体系的かつ具体的な考察が可能である。提喩が無関心の効果を生み出す条件は，提喩のターゲットとなる存在を T とすると，以下の3点にまとめられる。

（C）　〈無関心の効果が生まれる必要条件〉
（C-1）　知識の条件：T が既知であることが前提されている
（C-2）　際立ちの条件：特徴的な T の性質を際立たせていない
（C-3）　回避の条件：T の言語化を回避する文化的・社会的な理由が無い

最後に，冒頭で挙げた例を考察しよう。（1）の「木村」は，第1に，作中で詳細に描写されている既知の登場人物である。第2に，「男」という抽象化によって，木村の新たな側面が際立つことはない。第3に，木村という名前を回避する理由はない。以上のコンテクストは，「葉子」の「木村」に対する無関心の態度を暗示する効果を生み出す条件を満たしている。[8]

---

　[8] 誰に対して無関心であるか（i.e. 無関心の矛先）は，語りの視点に密接に関係する。（16）は一人称的な視点からの語りである。一人称的な視点の場合には基本的に，提喩のターゲットに対する無関心が暗示される。これに対して三人称的な視点からの語りでは，例えば（1）のように，提喩のターゲットが無関心の矛先となる場合もあれば，（14）のように，提喩のターゲット（i.e. 蝶子の娘）

6. 結語と展望

表1 類の提喩の機能体系

本論文では，類の提喩全体に共通する捉え方の図式を明らかにし，コンテクストの条件に着目して，類の提喩から生まれる修辞的効果を記述した。本論文で考察した提喩の修辞的効果の体系は，表1に示される。[9]（行末の番号は，代表的な用例に対応している。）

認知言語学のレトリック研究では，概念メタファー理論（e.g. Lakoff and Johnson 1980）を中心に，多数の用例を一般化するパターンを論じるものが多かった。本論文では，このパターンと具体的な使用のコンテクストの相互関係を考察した。修辞的効果は，コンテクストによって異なる。修辞的効果の多様性を，体系的かつ具体的に記述するためには，レトリックの認知的パターンを明らかにすると同時に，そのパターンがコンテクストの中でどのように具体化されているかを詳しく観察する必要がある。コンテクストとして考慮すべき点は，コミュニケーションにおける知識状態や，対話者の文化的・社会的背景にも及ぶ。本論文の考察は，一見すると単純に見える提喩でさえも，その機能を十全に解明するためには，認知，談話，社会といった言語の多面的な特性を考察する必要があることを示唆している。

引用例出典

安部公房『壁』（新潮文庫，改版，東京：新潮社，1988）
有島武郎『或る女』（新潮文庫，東京：新潮社，1995）
織田作之助「夫婦善哉」『夫婦善哉』: 7-56.（新潮文庫，改版，東京：新潮社，2000）
小林秀雄「ゴッホの手紙」『小林秀雄全作品20』: 11-177.（東京：新潮社，2004）
坂口安吾「村のひと騒ぎ」『坂口安吾』: 21-43.（ちくま日本文学，東京：筑摩書房，2008）

が他の人物（i.e. 蝶子）に対して無関心であることをほのめかす場合もある。

[9] 表1の分類は，修辞的効果の"最良"の分類として提案されているわけではない。分類の切り口は，他にもあり得ると思われる。本論文の主旨は，これまで断片的であった修辞的効果の記述を体系的に行うという点にある。表1は，多様な修辞的効果が同じ概念化のパターンを反映しており，どのような効果になるかは，コンテクストによって条件づけられているということを示している。

谷崎潤一郎『春琴抄』（新潮文庫，改版，東京：新潮社，1987）

谷崎潤一郎「吉野葛」『谷崎潤一郎』（ちくま日本文学，東京：筑摩書房，2008）

夏目漱石『坊っちゃん』（岩波文庫，改版，東京：岩波書店，1989）

日本テレビ「Q. 世界で一番盛り上がるのは何祭り？～スペイントマト祭り～」『世界の果てまでイッテQ！』http://www.ntv.co.jp/q/oa/20101010/04.html（2017 年 12 月 16 日）

参考文献

大森文子（1988）.「提喩に関する一考察」*Osaka Literary Review*, 28, 57-68.

小松原哲太（2016）.『レトリックと意味の創造性――言葉の逸脱と認知言語学――』京都：京都大学学術出版会.

佐藤信夫（1978）.『レトリック感覚』東京：講談社.

谷口一美（2003）.『認知意味論の新展開――メタファーとメトニミー――』東京：研究社.

鳶野記子（2014）.「漱石の修辞技巧――『虞美人草』における提喩の機能――」『歴史文化社会論講座紀要』11: 1-19.

中村明（1991）.『日本語レトリックの体系――文体の中にある表現技法のひろがり――』東京：岩波書店.

野内良三（2000）.『レトリックと認識』東京：日本放送出版協会.

籾山洋介（1998）「換喩（メトニミー）と提喩（シネクドキー）――諸説の整理・検討――」『名古屋大学日本語・日本文化論集』6: 59-81.

森雄一（1998）.「提喩についての一考察」『明海日本語』4: 49-57.

山泉実（2005）.「シネクドキの認知意味論に向けて――類によるシネクドキ再考――」山梨正明他（編）『認知言語学論考 No. 4』東京：ひつじ書房, pp. 271-312.

山梨正明（1988）.『比喩と理解』東京：東京大学出版会.

Croft, W., & Cruse, D. A. (2004). *Cognitive linguistics*. Cambridge: Cambridge University Press.

Cruse, D.A. (2004). *Meaning in language: An introduction to semantics and pragmatics* (2nd ed.). Oxford: Oxford University Press.

Lakoff, G. (1987). *Women, fire and dangerous things: What categories reveal about the mind*. Chicago: University of Chicago Press.

Lakoff, G., & Johnson, M. (1980). *Metaphors we live by*. Chicago: University of Chicago Press.

Langacker, R. W. (2008). *Cognitive grammar: A basic introduction*. New York: Oxford University Press.

Lanham, R. A. (1991). *A handlist of rhetorical terms* (2nd ed.). Berkeley: University of California Press.

Lyons, J. (1977). *Semantics* (Vol. 1). Cambridge: Cambridge University Press.

Mori, Y. (2006). Synecdoche: Toward a new classification. *The proceedings of the annual meeting of the Japanese Cognitive Linguistics Association*, 6, 561–564.

Nerlich, B. (2010). Synecdoche: A trope, a whole trope, and nothing but a trope? In A. Burkhardt & B. Nerlich (Eds.), *Tropical truth(s): The epistemology of metaphor and other tropes* (pp. 297–319). Berlin: Mouton de Gruyter.

Panther, K., & Radden, G. (Eds.). (1999). *Metonymy in language and thought*. Amsterdam: John Benjamins.

Peirsman, Y., & Geeraerts, D. (2006). Metonymy as a prototypical category. *Cognitive Linguistics*, 17(3), 269–316.

Radden, G., & Kövecses, Z. (1999). Towards a theory of metonymy. In K.-U. Panther & G. Radden (Eds.), *Metonymy in language and thought* (pp. 17–60). Amsterdam: John Benjamins.

Seto, K. (1999). Distinguishing metonymy from synecdoche. In K. Panther & G. Radden (Eds.), *Metonymy in language and thought* (pp. 91–120). Amsterdam: John Benjamins.

Zhang, W. (2016). *Variation in metonymy: Cross-linguistic, historical and lectal perspectives*. Berlin: Mouton de Gruyter.

A Cognitive Approach to Communicative Functions of Synecdoche in Japanese

Tetsuta KOMATSUBARA, *Ritsumeikan University*

Abstract

Figurative expressions manifest our fundamental ability to structure conceptual systems. Synecdoche, a figure of speech by which a general thing is substituted for a specific thing or vice versa, reflects our flexible ability to categorize an entity in different resolution. Recent investigations in cognitive linguistics have demonstrated that synecdoche contributes to conceptual flexibility in categorization. In addition, synecdoche functions as a communicative device to produce various pragmatic effects in different contexts. However, there seems to be few descriptions of the communicative functions of synecdoche in the previous studies. This paper aims to provide detailed descriptions of communicative functions of synecdoche in Japanese from the viewpoint of cognitive linguistics.

We focused on a type of synecdoche, where a general thing stands for a specific thing, and described four types of communicative functions of synecdoche: (i) introducing an unknown entity, (ii) highlighting a property of the target of synecdoche, (iii) implying that direct reference to the target is a taboo, and (iv) indicating someone's indifference to the target. Our basic strategy was to connect a communicative function to a way of construal such as foregrounding and backgrounding. Construal differs depending on the aspect foregrounded in context. We showed that the four types of communicative functions are conditioned by three contextual factors: (i) state of knowledge, (ii) prominence, and (iii) politeness. Our classification of contextual factors enabled us to analyze how different communicative functions relate to each other and to describe them in a systematic way.

Our result implies that we can generally describe communicative functions of figurative expressions in a systematic way by considering how the schematic pattern of construal is elaborated by numerous contexts. This paper indicates that the framework of cognitive linguistics provides an analytic tool to deal with pragmatic aspects of figurative language, as well as its semantic aspects.

Context Sensitivity in Verb Learning: Effects of Communicative Demand on Organization Processes in Lexical Development*

Noburo SAJI, *Kamakura Women's University*
Chong WANG, *Dalian University of Technology*
Chunzi HONG, *Ochanomizu University*
Masato OHBA, *Keio University*

Abstract

The current study examined the effects of different communicative demands on children's naming of 28 cutting/breaking events. Participants were 4-year-olds, 6-year-olds, and adults who performed two versions of a naming task. In the shared condition, participants described what occurred in videos that were also visible to the addressee. In the non-shared condition, participants again described the actions in the videos, but the videos were not visible to the addressee. Four-year-olds in the non-shared condition used verbs differently from other groups. Modeling analyses revealed that participants' age and the difference in communicative demand affected the production of generic verbs accompanied by iconic gestures, suggesting that the process of constructing the semantic domain is affected by the communicative demand of the communication situation. This research highlights the importance of examining lexical acquisition within a framework of symbolic communication as a whole.

Keywords

lexical development, word learning, shared intentionality, iconic gesture, reorganization process of lexical development

1. Introduction

For the past 20 years, studies of lexical development have explored the mechanisms of fast-mapping, or the internal biases or innate abilities that children possess in order to quickly achieve word-world mapping (Carey & Bartlett 1978; Heibeck & Markman 1987). However, recent research has revealed that the meaning assigned through fast-mapping comprises only a fraction of the representations of adult-like meanings. Children may initially use verbs correctly, followed by a period in which they make errors. For example, children under-extend meanings, using a word only for limited referents (e.g., using "doggy" only for the dogs they know without applying it

---

* This research was a project supported by the National Social Science Foundation of China to Wang (Grant No. 14CYY045) and MEXT KAKENHI to Saji (Grant-in-Aid for Young Scientists (B) #26870573).

to dogs in general) or over-extend meanings, applying a word too broadly (e.g., using "doggy" for many other four-legged animals). It is difficult for children to attain adult-like meaning by fast-mapping alone, because adult-like representations of word meanings require the children to know how the meaning of one verb differs from the meanings of other verbs within the same semantic domain.

Many researchers who study the process by which a language learner organizes a semantic domain regard it as a general process of category learning, and they attempt to identify the domain-general cognitive skills that facilitate this process (Ameel, Malt, & Storms 2008; Saji, Imai, Saalbach, Zhang, Shu, & Okada 2011; Saji, Imai, & Asano 2015; Wagner, Dobkins, & Barner 2013; Yurovsky, Wagner, Barner, & Frank 2015). These approaches are compatible with the constructivist account of language acquisition, known as the functional-cognitive approach or usage-based approach to language acquisition (Langacker 2009; Tomasello 2003). Constructivism assumes that language structure emerges from language use. In these accounts, children built up a linguistic representation in order to achieve the successful transmission of a message in communication, relying on their general cognitive skills (Goldberg 2006; Tomasello 2007; but see Carrigan & Coppola 2017, for a counterargument).

The purpose of the present study is to examine whether social-cognitive skills, one of the domain-general cognitive skills that children possess, scaffolds the acquisition of word meanings. Social-cognitive skills, which include joint attention, gaze following, and use of communicative gestures in a given social context, have been demonstrated to play a crucial role in the fast-mapping process (e.g., Akhtar, Carpenter, & Tomasello 1996). However, it remains unknown if these abilities can also facilitate the learning of semantic categories after fast-mapping is accomplished. If children acquire the relationships of word meanings belonging to the same semantic domain in tune with adult usage, social-cognitive skills with which children can effectively communicate with others may also play an important role in the later stages of lexical development.

1.1. Learning language-specific semantic categories

Word meanings carve up the world in complex ways (Gentner & Bowerman 2009; Majid et al. 2008). A large number of cross-linguistic studies to date have demonstrated that semantic categories in different languages include both universal and language-specific aspects. Majid et al. (2008), for example, studied how speakers of 28 typologically diverse languages use verbs to categorize cutting/breaking actions. They found that there is considerable agreement across languages in the criteria by which the actions are distinguished, although there is variation in the number of categories and the placement of their boundaries (see Malt et al. 2013, for similar findings in another domain). Tsunai (2013) took a closer look at differences in Japanese and English naming patterns for cutting/breaking actions and showed that the two languages differ not only in numbers of verb types but in the criteria by which the verbs were applied to events. For example, Japanese has a set of verbs that make fine distinctions between cutting and breaking objects using hands (e.g., *chigiru,* "tearing an object into small pieces by hand", and *yaburu,* "tearing a thin object by hand"), while these events are all denoted by a single verb in English, "tear" (see Wang, Hong, Saji, & Liu, in press, for similar findings).

One important puzzle here is how children learn such complex, language-specific boundaries of word meanings. Developmental psychologists have shown that achieving the conventional meanings of words requires several additional years after fast-mapping is accomplished (Ameel et al. 2008; Saji et al. 2011, 2015). Ameel et al. (2009), for example, demonstrated that the process of organizing the semantic domain of "containers" in English (e.g., "cup", "bowl", or "plate") continues until age 14 years. Saji et al. (2015) examined how children build up the language-specific system of the color lexicon. In their study, the meanings of words produced by children were sometimes over-extended and at other times under-extended and gradually converged on adult use. For example, when the color word *mizuiro* ("light blue") first appeared in the children's lexicon, it was included in the range of colors that adults call *ao* ("blue"). In later stages, however, the two categories gradually separated, and the boundary of *ao* ("blue") was appropriately shrunk in the adult manner.

The organization of language-specific lexical convention is a trial-and-error process by which children explore how their native language divides the world. In this process, diverse cognitive/linguistic factors affect the inferential process of word meanings (e.g., Saji et al. 2011; Yurovsky et al. 2015). Saji et al. (2011) have demonstrated that input frequency plays a prominent role in achieving fast word-world mapping at early stages of word learning: Children produce the words they hear most often. However, in the later process of word learning, the degree of boundary overlap with other verbs is strongly related to the degree of convergence with adult use. That is, the more neighboring words with overlapping boundaries a word has, the more challenging the acquisition of its full, adult-like meaning becomes for children. The ease of learning words is affected by perceptual as well as linguistic factors. Yurovsky et al. (2015) reported that color terms referring to more salient colors (defined as the Euclidian distance from gray at the center of the CIELAB's 3-dimensional space) were more easily acquired by children.

1.2. Context sensitivity in word learning

Although the several lines of research have suggested that domain-general learning mechanisms can account for children's acquisition of semantic domains, surprisingly few studies have focused on the role of social-cognitive skills in the process of lexical organization. Social-cognitive skills have long been recognized as the key factor in the initial mapping of word and the world (see Tomasello 2003, for an overview). However, to our knowledge, no studies have examined how these skills scaffold the delineation of the boundaries of adult-like semantic categories at later stages of lexical development.

Malt (2013) is one of the researchers who have examined how different communicative demands affect adults' naming strategies. She used a standard free naming task, in which adult participants were required to respond to the simple question "What is it?" by producing a name for various "container" objects, with the goal of directing an addressee to find a target among a set of objects. In one condition, each object had to be distinguished from a small set of dissimilar objects, which were visible to the addressee. In the other condition, each object needed to be distinguished from a large set of similar objects, which were not visible to the addressee. Responses were sensitive to communicative demands in terms of the number of modifiers produced, but not in the head nouns produced.

In Malt's study, the adult participants were considered to have stable lexical knowledge that prevented context from affecting their usage of words. However, this might not be the case for children; their lexical knowledge should not be stable as that of adults, so their strategy of word use may be more sensitive to different communicative demands. It is thus interesting to explore how such demands affect children's naming strategies. We hypothesize that children under a high communicative demand condition would modulate their use of words in order to convey messages successfully to others.

1.3. The present study

The present study examined the effects of different communicative demands on naming patterns for 28 cutting/breaking actions. Simplifying Malt's experimental design for children, we administered two versions of a naming task. In one version, 4- and 6-year-old children were asked to tell what was going on in a video that was visible to the addressee. In the other version, participants are again asked to describe the actions in the videos, but the videos were not visible to the addressee.

Our study extended previous studies in the following two ways. First, unlike Malt (2013), who looked only at the type of nouns and modifiers applied to the objects, we conducted multivariate analyses that allowed us to determine whether participants' pattern of verb use was affected by their age and the two different conditions. Second, we examined the children's use of iconic gestures to represent the actions in relation to their verbal responses. Interestingly, several studies have shown that children around the ages of four to six come to be able to detect another person's viewpoints and incorporate this information into their use of gestures (MacNeill 1992; Katayama & Haryu 2007). If our participants around these ages are sensitive to what addressees can or cannot see, they may modulate their use of gestures according to condition. Because the language acquisition process is heavily reliant on non-arbitrary and motivated symbols (Imai & Kita 2014; Iverson & Goldin-Meadow 2005), it is important to examine not only verbal responses but also non-verbal symbols in studying the process of language acquisition. To our knowledge, this is the first study that considers the role of iconic gestures that accompany words in children's process of organizing a semantic domain.

In summary, the current study addresses the following two questions: How do children delineate cutting/breaking actions by use of verbs, and how do different communicative demands affect the process of boundary delineation of semantic categories?

2. Method

2.1. Participants

A total of 58 native Japanese-speaking children participated in the experiment: 17 4-years-old (8 girls: $M_{age}=55$), 20 6-years-old (11 girls: $M_{age}=76$), and 21 adults. The children were recruited from a preschool located in the Tokyo Metropolitan area. The adult participants were all undergraduate students at Hirosaki University.

2.2. Stimuli

A set of 28 videos of cutting/breaking actions were used in the experiment (see Table 1 for the set of stimuli). The actions shown in the videos were selected by reference to Majid et al. (2008), who experimentally studied language-specific and cross-linguistically shared aspects of cutting/breaking words in 28 languages. The cutting/breaking actions in the present study varied along six parameters: *instruments* (edged tools including axe, kitchen knife, box cutter, saw, and scissors, as well as hands), *rigidness* (rigid/flexible object), *direction* (manner of cutting/breaking; vertical/horizontal), and *result state of objects* (the number of pieces the object was broken into after the cutting/breaking action; two/more pieces).

2.3. Procedure

Adult and child participants were tested individually in a quiet room in their preschool/university. The 28 stimulus videos were presented on a computer screen in a random order. In the experiment, orally presented instructions asked the participant to describe orally the action in the videos: "*nani-wo* (what) *shite-iru no ka* (is going on) *oshiete* (tell) *kudasai* (please)" ("please tell me what is going on in the video").

Each child participated in two within-subject conditions. In one condition, children sat next to the experimenter, and they watched the videos on the computer monitor together (shared condition; left side of Figure 1). In the other condition, the children were required to tell what they saw to an addressee who could not see what was going on in the videos (non-shared condition; right side of Figure 1). The order of experimental conditions was counterbalanced. Note that triadic joint attention was established among communicators in the shared condition (i.e., what the participant saw was shared by the experimenter), but this was not the case in the non-shared condition. Adult participants participated only in shared condition, because their performances were expected not to change by the two conditions, according to the results in Malt (2013).

Table 1. List of stimulus videos.

ID	events	Rigidness	Direction	Result state (number of pieces)
1	Cutting meat with a kitchen knife	flexible	vertical	two
2	Slicing meat with a kitchen knife	flexible	horizontal	two
3	Chopping off a bit of meat with a kitchen knife	flexible	horizontal	two
4	Chopping meat with a kitchen knife	flexible	vertical	more than two
5	Slicing a carrot with a kitchen knife	rigid	vertical	two
6	Chopping a carrot with a kitchen knife	rigid	vertical	more than two
7	Chopping a bone with a Chinese chef's knife	rigid	vertical	two
8	Cutting a tomato with a kitchen knife	flexible	vertical	two
9	Cutting grass with a sickle	flexible	horizontal	more than two
10	Chopping a log with an axe	rigid	vertical	two
11	Sawing a log	rigid	vertical	two
12	Cutting grass with shears	flexible	horizontal	more than two
13	Cutting hair with scissors	flexible	horizontal	more than two
14	Cutting a piece of paper with scissors	flexible	vertical	two
15	Cutting a piece of cloth with scissors	flexible	vertical	two
16	Clipping nails with nail clippers	rigid	vertical	two
17	Cutting a piece of paper with a box cutter	flexible	horizontal	two
18	Tearing a loaf of white bread in half by hand	flexible	vertical	two
19	Tearing a slice of bread by hand	flexible	horizontal	two
20	Tearing a piece off a baguette/roll by hand	flexible	horizontal	more than two
21	Tearing chicken by hand	flexible	horizontal	two
22	Tearing a sheet of paper in half	flexible	horizontal	two
23	Tearing a piece of cloth by hand	flexible	horizontal	two
24	Tearing/dividing a steamed meat bun by hand	flexible	vertical	two
25	Breaking/snapping a chopstick by hand	rigid	vertical	two
26	Breaking/snapping a carrot by hand	rigid	vertical	two
27	Snapping a bar/slab of chocolate by hand	rigid	vertical	two
28	Splitting an apple by hand	rigid	vertical	two

The verbal responses and iconic gestures produced were recorded and transcribed later. Iconic gestures were defined as gestures representing meaning that was closely tied to the semantic content of the segments of speech, imitating the cutting/breaking actions in the videos (MacNeill 1985), for example, "*saamon-wo-ne* (salmon) *houcho-de* (with kitchen knife) *kit-teru* (cutting) *ko-yatte* (like this)" [chopping on the desk using the right hand], (video 2).

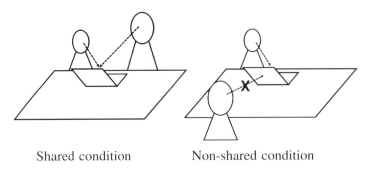

Shared condition   Non-shared condition

Figure 1. Shared and non-shared conditions.

3. Analysis & results

3.1. Descriptive statistics

The goal of the analysis was to determine if the pattern of verb use differed between the two conditions. We first counted the number of verb types produced by each participant. Compound verbs such as *kiri-toru* (cutting out) and *chigiri-toru* (tearing out) were counted as the main verbs *kiru* (cutting an object with an edged tool) and *chigiru* (tearing a thin object into small pieces by hand). The mean numbers of verb produced were 3.6 (4-year-olds in shared condition), 3.8 (4-year-olds in non-shared condition), 4.0 (6-year-olds in shared condition), 4.2 (6-year-olds in non-shared condition), and 8.4 (adults). The results of Anova showed that numbers did not differ significantly between 4- and 6-year-olds and between the two conditions.

Next, we examined the dominant verbs produced by children and adults. Table 2 summarizes the most frequently produced verbs for the 28 videos. Adults produced 8 dominant verbs: *kiru* (cutting an object with an edged tool), *tataku* (hitting an object), *waru* (splitting a three-dimensional object into several pieces), *karu* (mowing an object), *chigiru* (tearing a thin object into small pieces by hand), *saku* (ripping up an object by hand), *yaburu* (tearing a thin object by hand), and *oru* (snapping a stick-like object). Adults produced more verb types for the cutting/breaking actions using hands (videos 18–28) than for actions by edged tools (videos 1–17). As noted in previous studies (e.g., Tsunai 2013), Japanese use verbs to finely discriminate cutting/breaking actions using hands.

Table 2. Dominant verbs for each of the 28 actions produced by children and adults

video ID	4-year-old (shared)	4-year-old (non-shared)	6-year-old (shared)	6-year-old (non-shared)	adults
1	kiru (1)	kiru (1)	kiru (.95)	kiru (.95)	kiru (.90)
2	kiru (1)	kiru (1)	kiru (1)	kiru (.85)	kiru (.76)
3	kiru (.94)	kiru (1)	kiru (.95)	kiru (.95)	kiru (.95)
4	kiru (.88)	kiru (.94)	kiru (.75)	kiru (.70)	tataku (.52)
5	kiru (.94)	kiru (1)	kiru (.95)	kiru (.90)	kiru (.90)
6	kiru (1)	kiru (.94)	kiru (.90)	kiru (.90)	kiru (.76)
7	kiru (.88)	kiru (1)	kiru (.85)	kiru (.75)	kiru (.71)
8	kiru (1)	kiru (1)	kiru (.95)	kiru (.85)	kiru (1)
9	kiru (.65)	kiru (.82)	kiru (.70)	kiru (.60)	karu (.81)
10	kiru (.29)	kiru (.59)	kiru (.70)	kiru (.80)	waru (.95)
11	kiru (.88)	kiru (.88)	kiru (.95)	kiru (.95)	kiru (.90)
12	kiru (1)	kiru (1)	kiru (.95)	kiru (.95)	karu (.48)
13	kiru (1)	kiru (.94)	kiru (1)	kiru (.95)	kiru (1)
14	kiru (.94)	kiru (1)	kiru (1)	kiru (.95)	kiru (1)
15	kiru (1)	kiru (1)	kiru (1)	kiru (.90)	kiru (.81)
16	kiru (.94)	kiru (1)	kiru (1)	kiru (.95)	kiru (1)
17	kiru (.94)	kiru (.94)	kiru (1)	kiru (.95)	kiru (1)
18	kiru (.65)	kiru (.41)	chigiru (.60)	chigiru (.50)	chigiru (.52)
19	kiru (.76)	kiru (.82)	chigiru (.55)	chigiru (.45)	chigiru (.86)
20	kiru (.53)	kiru (.65)	chigiru (.60)	chigiru (.50)	chigiru (.81)
21	kiru (.29)	kiru (.59)	chigiru (.55)	chigiru (.50)	saku (.71)
22	kiru (.76)	kiru (.76)	kiru (.60)	kiru (.50)	yaburu (.48)
23	kiru (.94)	kiru (.82)	kiru (.55)	chigiru (.40)	saku (.43)
24	kiru (.47)	kiru (.53)	kiru (.35)	kiru (.40)	waru (.57)
25	kiru (.47)	kiru (.41)	oru (.40)	kiru (.40)	oru (.81)
26	kiru (.35)	waru (.41)	kiru (.45)	kiru (.30)	oru (.71)
27	kiru (.35)	kiru (.53)	waru (.40)	waru (.40)	waru (.86)
28	kiru (.41)	kiru (.53)	waru (.60)	waru (.50)	waru (.90)

Note. Number for each verb indicates its proportion among all tokens of produced verb.

Four-year-old children produced *kiru* (cutting an object with an edged tool) for almost all videos, suggesting that children initially over-extend the broad-covering verb. However, the proportion of *kiru* (cutting an object with an edged tool) among all tokens of produced verbs was relatively lower for actions using hands than for actions using edged tools; four-year-old children began to produce verbs other than *kiru* for actions using hands, although the frequencies of the verbs were greater. This trend became obvious in 6-year-old children, who used *chigiru* (tearing a thin object into small pieces by hand), *oru* (snapping a stick-like object) and *waru* (splitting a three-dimensional object into several pieces) instead of *kiru* (cutting an object with an edged tool) for actions using the hand.

Consistent with Malt et al. (2013), the dominant verbs produced by children did not differ between the conditions, except for 4-year-olds with video 26 (*kiru,* cutting an object with an edged tool, in the shared condition versus *waru,* splitting a three-dimensional object into several pieces, in the non-shared condition), and for 6-year-olds, video 23 (*kiru,* cutting an object with an edged tool, in the shared condition versus *chigiru,* tearing a thin object into small pieces by hand, in the non-shared condition) and video 25 (*oru,* snapping a stick-like object, in the shared condition versus *kiru,* cutting an object with an edged tool, in the non-shared condition).

In sum, the analysis of dominant verbs suggests that the verb use of children gradually converged on that of adults, but communicative demands seem not to affect the use of verbs. However, this analysis considered only the most frequently produced verbs, while children and adults produced additional types of verbs. The entire pattern of verb use by children and adults is analyzed in the next analysis.

3.2. Criteria for categorizing the semantic space of verbs

The analyses of dominant verbs suggest that children and adults used different criteria to name the cutting/breaking actions. This possibility can be evaluated by analyzing quantitatively the usage patterns of all verbs produced by participants, using IND-SCAL (INDividual SCALing) analysis, a version of the MDS technique developed to evaluate group differences in a multi-dimensional space common across groups (Carroll & Chang 1970). Specifically, while MDS can provide a geometrical representation of pattern of similarity by detecting underlying dimensions from all input groups, IND-SCAL allows us to calculate the scores with which each input group weighted the dimensions. In the present case, INDSCAL can reveal the common semantic dimensions that are shared across the five groups as well as the individual weights that represent how each group weighted each detected dimension.

For each of the five groups, we first created a similarity matrix as the input of the INDSCAL solution. In each matrix, 28 rows and 28 columns represented the stimulus actions. Each cell contained the number of times the given two actions were named with the same verb (see Majid, Boster, & Bowerman 2008, for the same procedure of transforming a production dataset to a similarity matrix). We adopted the 2-dimensional solution, as the obtained stress value was sufficiently low (s = .24). INDSCAL provided two kinds of output. First, it identified the dimensions underlying the production patterns with which all groups commonly categorized the stimulus actions (common space). Second, it identified the weights which each group placed on each of the common dimensions when they named an event (individual space).

Figure 2 presents the results for the common space. Each point in Figure 2 represents an action, and the distance between each two points reflects the naming similarity of the two actions (i.e., the tendency for the pair to be named by the same verb). The label for each point shows the video ID associated with the most dominantly produced verbs by adults for the action. Dimension 1 can be interpreted as "use of edged tools for cutting/breaking." The actions plotted in the positive direction include cutting/breaking actions in which the object was cut/broken by edged tools (videos 1–17), whereas the actions plotted in the negative direction were the actions in which the object was cut/broken with hands (videos 18–28). Dimension 2 represents "result state of objects." Actions in which the objects were cut/broken into two parts lie in the negative direction (e.g., chopping meat with a kitchen knife in video 4, and chopping a carrot with a kitchen knife in video 6), while objects cut/broken into more than two parts lie in the positive direction (e.g., tearing a piece of cloth by hand in video 23, and splitting an apple by hand in video 28).

Figure 3 shows how the five groups weighted the dimensions detected in the common space. There were large differences between children and adults in the weights placed on the dimensions. While Dimension 1 ("use of edged tools for cutting/breaking") was more important for adults than Dimension 2 ("result state of objects"), the group of 4-years-old in the non-shared condition showed the reverse pattern, weighting on Dimension 2 more than on Dimension 1. The other child groups fell in between. Thus young children tended to consider the result state of cutting/breaking actions much more strongly than adults, while they evaluated the manner of cutting/breaking less than adults in their selection of the most appropriate verb for each video (see Saji et al. 2011, for very similar results in another semantic domain). This trend was most obviously seen in 4-years-old in the non-shared condition; when they were required to close the gap between their knowledge and that of the addressee, their pattern of verb use was most non-adult-like.

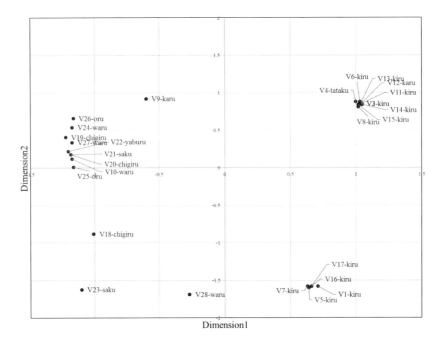

Figure 2. INDSCAL solution for the production data: Dimension 1 and Dimension 3 in the common space.

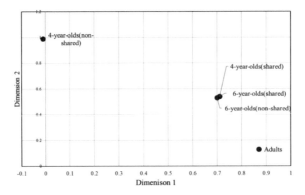

Figure 3. INDSCAL solution for the production data: Dimension 1 and Dimension 2 in the individual space.

3.3. Iconic gestures to depict cutting/breaking actions

The previous analyses showed that the pattern of verb use differed with both children's age (*age*) and communicative demands (*condition* in the experiment). Our final analysis tested whether these two factors contributed to the children's use of symbols in the given situation. Here, we focused on the combinations of the use of verbs and iconic gestures. As described earlier, children 4 to 6 years old come to be more sensitive to what an addressee can see, and thus they are able to use iconic gestures performed from the addressee's viewpoint (Katayama & Haryu 2007; McNeil 1992). If young children do not know the words which appropriately denote the target actions, they might produce iconic gestures to depict the actions in the videos. Further, children who present the manner of the actions by iconic gestures might prefer to use general verbs (i.e., *kiru,* cutting/breaking an object with an edged tools) in order to avoid redundancy in manner information. To examine this possibility, we coded binomially occurrences of *kiru* (cutting/breaking an object by edged tools) that were accompanied by iconic gestures: The production of *kiru* in explaining each video was coded as 1 if the child also produced iconic gestures; otherwise, the response was coded as 0.

Figure 4 shows the proportions of trials in which *kiru* (cutting/breaking an object with an edged tool) was produced with iconic gestures: .14 for 4-year-olds in the shared condition, .17 for 4-year-olds in the non-shared condition, .04 for 6-year-olds in the shared condition, and .08 for 6-year-olds in the non-shared condition. To examine the effect of *age* and *condition*, we employed a logistic mixed-effect model, because the dependent variable—whether or not children produced gestures—was binomial. We included *age* and *condition* and the interaction between the two as fixed effects and participants as a random effect. On the two fixed effects, we applied centering as the value of shared condition and 4-year-olds were coded as 0.5, and the non-shared condition and 6-year-olds were coded as -0.5 to obtain ANOVA-like effects in a single step. The results revealed that the main effects of *age* and *condition* were significant: *kiru* accompanied by gestures was produced more frequently by 4-year-olds than by 6-year-olds and occurred more often in the non-shared condition than in the shared condition (Table 3). Thus 4-year-olds in the non-shared condition frequently produced iconic gestures accompanied by general verbs, which may have caused their pattern of verb use to be the farthest from that of adults.

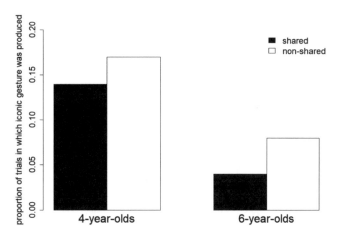

Figure 4. Proportions of trials in which *kiru* was produced along with iconic gestures.

Table 3. Model for predicting the production of *kiru* with iconic gestures.

	Estimate	Std.error	z value	Pr
Intercept	−3.39	.38	−8.94	<.001
Age	1.50	.71	2.11	<.05
Condition	.64	.18	3.55	<.001
Age*Condition	−.61	.36	−1.7	*ns.* (<.10)

4. Discussion

It takes a long time for children to organize adult-like representations of lexical knowledge. They struggle with defining boundaries of language-specific semantic domains. Although the role of perceptual and linguistic cues in this process have been discussed in the literature, the present study examined another possibility, that different communicative demands affect the pattern of verb use in children.

4.1. The lexical organization process in cutting/breaking domain

How do children delineate cutting/breaking actions by the use of verbs? Children preferred to use a general verb, *kiru* (cutting an object with an edged tool) to name cutting/breaking actions, over-extending the verb to actions that adults would denote with more specific verbs. As children's lexical knowledge develops, the boundary of a verb that has been overextended is gradually modified; 6-year-olds have started to learn that the cutting/breaking actions with edged tools and the actions with hands should be named with different verbs. It is interesting to note that this distinction is mostly identical to the cross-linguistically shared semantic dimension of cutting/breaking actions reported by Majid et al. (2008); they call this dimension "predictability of the locus of separation". This indicates that there exist perceptually salient dimensions of cutting/breaking regardless of speakers' native languages, and the dimensions are readily available for children to use in beginning to learn the finer language-specific boundaries.

Importantly, the criteria that children adopted to name actions were not exactly the same as those of adults; 4- and 6-year-old children weighted more on the properties of the object (i.e., the result state of cut/broken objects) than the properties of manner (i.e., use of edged tools for cutting/breaking). Although it has been widely known that objects involved in action events play an important role in early verb learning (Imai et al. 2008; Saji et al. 2011), focusing on the result states of the events might be of particular importance in learning cutting/breaking verbs. Bowerman (2005) suggested that children must form covert object categories to learn verb meanings, taking cutting/breaking events as example: To learn cutting/breaking verbs, children need to grasp object categories for each verb, that is, what objects are "breakable" and what objects are not, what objects can or cannot be "cut," and so on. Since the object that can be the argument of a given verb is strongly constrained by the meaning of the verbs of cutting/

breaking, young children focus on how the objects are cut/broken in the events. Our results provide support for this possibility.

4.2. Effects of communicative demand on children's use of symbols

How do different communicative demands affect the process of boundary delineation of semantic categories? Contrary to our prediction but consistent with Malt (2013), communicative demand did not drive adult-like use of cutting/breaking verbs. The INDSCAL analysis showed that 4-year-olds with high communicative demand (i.e., the non-shared condition) could not produce words in an adult-like way. This is theoretically important because it goes against the constructivist view, which emphasizes the importance of communication as a mechanism of language development. Interestingly, some recent work has pointed out the possibility that communicative problem solving is not directly responsible for the development of structure in linguistic systems. For example, Carrigan and Coppola (2017) studied the role of communication in the genesis of homesign systems, which have very sophisticated linguistic structures. They examined how well homesigners' family members understand homesign productions and found that their comprehension of homesigns was very limited, despite having engaged in daily interactions for an average of over 20 years.

Why are there cases in which successful communication does not lead to the emergence of a linguistic system? In the present experiment, children responded to communicative demands by altering the amount of information using iconic gestures. As the number of gestures decreased from 4- to 6-year-olds, the pattern of verb use approached that of adults. This indicates that the use of linguistic items and gestures are closely tied, and their developmental processes influences each other (MacNeill 1992; see also Iverson & Goldin-Meadow 2005, for the relationship between language development and gestures).

The implication of this result is that researchers on language development should examine the development of symbolic communication as a whole in order to assess the acquisition of linguistic structures, because language is not the only tool that is available for children to communicate with others. In the initial stages of symbol communication, children frequently use non-arbitrary, motivated symbols such as facial expressions (e.g., Rodger, Vizioli, Ouyang, & Caldara 2015; McClure, 2000), pointing gestures (e.g., Kita 2003), iconic gestures (e.g., Iverson & Goldin-Meadow 2005), and mimetics (Imai & Kita 2014) to communicate with others, and these non-verbal symbols offer a basis for language acquisition. The results of this research suggests that the use of non-verbal symbols (i.e., iconic gestures) may be more sensitively modulated by communicative demands than linguistic items at least in 4-year-olds, and this affects the pattern of word use. It is an interesting possibility for future work to test whether or not this sensitivity changes in older children. We can hypothesize that the iconic gestures may shift to the modifiers (e.g., adverb) somewhere on the developmental line, as Malt (2013) reported in an experiment with adults.

References

Akhtar, N., Carpenter, M., & Tomasello, M. (1996). The role of discourse novelty in early word learning. *Child Development,* 67(2), 635–645.

Ameel, E., Malt, B. C., & Storms, G. (2008). Object naming and later lexical development: From baby bottle to beer bottle. *Journal of Memory and Language,* 58, 262–285.

Bowerman, M. (2005). Why can't you "open" a nut or "break a cooked noodle?": Learning covert object categories in action word meanings. In L. Gershkoff Stowe & D.H. Rakinson (Eds.), *Building object categories in developmental time* (pp. 209–243). New York: Lawrence Erlbaum.

Carey, S., & Bartlett, E. (1978). Acquiring a single new word. *Papers and Reports on Child Language Development,* 15, 17–29.

Carrigan, E. M., & Coppola, M. (2017). Successful communication does not drive language development: Evidence from adult homesign. *Cognition,* 158, 10–27.

Carroll, D. J., & Chang, J. J. (1970). Analysis of individual differences in multidimensional scaling via an N-way generalization of "Eckart-Young" decomposition. *Psychometrika,* 35, 283–319.

Gentner, D., & Bowerman, M. (2009). Why some spatial semantic categories are harder to learn than others: The Typological Prevalence hypothesis. In J. Guo, E. Lieven, S. Ervin-Tripp, N. Budwig, S. Ozcaliskan, & K. Nakamura (Eds.), *Crosslinguistic approaches to the psychology of language: Research in the tradition of Dan Isaac Slobin.* (pp. 465–480). New York: Lawrence Erlbaum.

Goldberg, A. E. (2006). *Constructions at work: The nature of generalizations in language.* Oxford: Oxford University Press.

Heibeck, T. H., & Markman, E.M. (1987). Word learning in children: An examination of fast mapping. *Child Development,* 58, 1021–1034.

Imai, M. & Kita, S. (2014). The sound symbolism bootstrapping hypothesis for language acquisition and language evolution. *Philosophical Transactions of the Royal Society B,* 369(1651).

Iverson, J. M., & Goldin-Meadow, S. (2005). Gesture paves the way for language development, *Psychological Science,* 16(5), 367–371.

Katayama, A. & Haryu, E. (2007). Role-taking ability affects the viewpoint children take when making gestures: A developmental study. *Japanese Journal of Educational Psychology,* 55, 266–275.

Kita, S. (2003). *Pointing: Where language, culture and cognition meet.* Hillsdale, NJ: Laurence Erlbaum.

Langacker, R. W. (2009). *Investigations in cognitive grammar.* Berlin/New York: Mouton de Gruyter.

MacNeill, D. (1985). So you think gestures are nonverbal? *Psychological Review,* 92(3), 350–371.

MacNeill, D. (1992). *Hand and mind: What gestures reveal about thought.* Chicago, IL: University of Chicago Press.

Malt, B. C. (2013). Context sensitivity and insensitivity in object naming. *Language and Cognition,* 5(1), 81–97.

Majid, A., Boster, J. S., & Bowerman, M. (2008). The cross-linguistic categorization of everyday events: A study of cutting and breaking. *Cognition,* 109(2), 235–250.

McClure, E. B. (2000). A meta-analytic review of sex differences in facial expression processing and their development in infants, children, and adolescents. *Psychological Bulletin,* 126(3), 424–453.

Tomasello, M. (2003). *Constructing a language.* Cambridge: Harvard University Press.

Tomasello, M. (2007). If they're so good at grammar, then why don't they talk? Hints from apes' and humans' use of gestures. *Language Learning & Development,* 3(2), 133–156.

Rodger, H., Vizioli, L., Ouyang, X., & Caldara, R. (2015). Mapping the development of facial expression recognition. *Developmental Psychology,* 18(6), 926–939.

Saji, N., Imai, M., Saalback, H., Zhang, Y., Shu, H., & Okada, H. (2011). Word learning does not end at fast mapping: Evolution of verb meanings through reorganization of an entire semantic domain. *Cognition,* 118, 45–61.

Wagner, K., Dobkins, K., & Barner, D. (2013). Slow mapping: Color word learning as a gradual inductive process. *Cognition,* 127, 307–317.

Wang, C., Hong, C., Saji, N., & Liu, X. (in press). A characterization study of the categorization of learning synonymous verbs for Japanese-speaking learners of Chinese. *Modern Foreign Languages.*

Tsunai, Y. (2013). *A study on the acquisition of word meaning in a foreign language: The case of cutting/breaking verbs.* Unpublished doctoral dissertation, Keio University, Japan.

Yurovsky, D., Wagner, K., Barner, D., & Frank, M. (2015). Signatures of domain-general categorization mechanisms in color word learning. In D. C. Noelle, R. Dale, A. S. Warlaumont, J. Yoshimi, T. Matlock, C. D. Jennings, & P. P. Maglio (Eds.), *Proceedings of the 37th Annual Meeting of the Cognitive Science Society* (pp. 2775–2780). Austin, TX: Cognitive Science Society.

相互行為・機能・談話系言語学が意味すること

井上逸兵（慶應義塾大学）

要旨

　20 世紀以降の言語学は，おおよそ四半世紀ごとにパラダイム転換を重ねてきた。認知言語学はアンチ生成文法として役割を終えつつある。21 世紀最初の四半世紀を特徴付けるパラダイムを問うならば，インターネット，コンピュータテクノロジーに支えられた，これまでとは異なった次元の量的サポートと個化との背後にある分節化ということになろう。そして，言語学におけるそのパラダイム転換は，一般社会の動きとも連動している。相互行為，機能，談話に焦点をおく研究群の背後にあるトレンドを読み解く。

キーワード

量的転換，分節化，コンピューターテクノロジー

　本稿は，これまでの相互行為，機能，談話などをキーワードとする言語研究群のうちのいくつかを取り上げ，その背景と，それをとりまく社会のトレンド，さらにはこれらの意味することを論じ，今後の展望と方向性を筆者なりに示してみたい。

　認知言語学は，生成文法の相対的な影響力の低下とともに，アンチ生成文法としての役割を終えつつあるように思われる。さまざまな関連分野の進展とデータ分析のテクノロジーの進化ともに，認知言語学は新しい局面に入ってきた。それはひょっとすると「認知言語学」という括り方自体も成り立たなくなることを意味するかもしれない。

　思えば 20 世紀の言語学の展開は，20 世紀初頭のソシュールの構造主義，1920 年代あたりからのいわゆるアメリカ構造主義，1957 年のチョムスキーの登場，70 年代の生成意味論を経由して，1980 年の Lakoff and Johnson の *Metaphors We Live By* が嚆矢とされる認知言語学の誕生まで，おおよそ四半世紀をサイクルとして新しいパラダイムを生み出してきた。では，21 世紀があけ，最初の四半世紀も半ばを過ぎた現在は言語学にとってどのような時代なのか？いま我々が語っているはずのこの四半世紀の大きな「ストーリー」は何なのか？

　少し基本を振り返ってみよう。認知言語学の生成文法に対する大きな争点の一つは言語

能力の自律性ということであった。これはまた言語学の自律性（チョムスキーの力点としては統語論の自律性）でもある。20世紀の最初の三つの四半世紀においても，言語と言語学の自律性は明示的，非明示的に示されてきた。生成文法はもっとも先鋭的な形で現れたにすぎない。20世紀前半の行動主義の一大ムーブメントにおいてその基盤は築かれており，さらにいえば19世紀の歴史言語学においてもその前提は明白であった。それは（一つ前の時代の）「科学」を名乗るための戦略でもあった。そしてそれは今もって多くの言語学者の基本的マインドの中に配備されているように思う。

それにしてもチョムスキーのインパクトは甚大なものだった。これは結果論と言えなくもない面もあるが，言語と言語学の自律性の声高な主張は，もともと言語学の枠の外にいた研究群にもアンチ生成文法の看板を掲げさせることになった。

言語が自律的な存在ではなく，認知や使用などの言語外的な要素と関わっているという認識は，一つに語用論として明示化されることになるが，周知のごとく Grice も Austin も Searle も哲学者であり，のちにも触れる会話分析のおおもとのエスノメソドロージーは社会学という括りが妥当だろう。つまり非自律的，開放系の言語学，相互行為，コミュニケーションの言語学の出自はみな言語学の外である。それは言語学の歩んできた道，特に20世紀の流れを考えればなんら驚くことではない。言うまでもなく，認知言語学の基本的テーゼの一つは非自律的であるということである。哲学者や社会学者の議論はそれ自体それぞれの学問分野の背景の中で生まれてきたものだが（たとえば，Grice の批判の矛先の一つは真理値へのそれまでの議論であった），チョムスキー旋風への逆風の中に巻き込まれることになった。社会言語学は，独自の出自を持っているが，これまたアンチチョムスキーの流れに組み込まれる部分があった。

もちろん言語学以外の隣接分野と非自律的，開放系の言語学との融合を単純化するつもりはない。ただし，研究もそれぞれにさまざまな要因が関わりあって，社会との関わりで再解釈されることもある。関連する他の分野との関わりであればなおさらである。たとえば，言語とジェンダー研究の基礎であり，先駆けとなった Robin Lakoff, *Language and Women's Place*（1975）は，よく読めば生成意味論の試みである面をもっているのは明らかである。男女の不均衡という社会的意味が語彙や言語使用のレベルに内包されているというアプローチが可能かは，問いとしてたしかに十分に議論を尽くされているとは言いがたいが，のちの社会言語学の一分野を形成する基礎となるということが意図されていたとは必ずしも読めない。会話分析（conversation analysis）と言語学の談話分析は，意図するものと，意図しないものとがあるように思われるが，奇妙な融合を見せてきた。いずれも会話を研究対象としているがゆえに，同じ方向を向いていると誤解されやすいが，後述するように現在では相互に影響を与え合っている。これらは研究が隣接する他の研究，研究群と影響し合い，社会の中で再定義されてきた例だ。言語研究も社会の文脈の中で見る必要がある。本稿では，言語研究における「量的転換」の年と言われる2008年とその前後

の社会的背景の意味を考えることで，今後を展望してみたい。

　具体的な研究として本稿で着目したいのは，機能，相互行為，談話などをキーワードとする特に2000年前後あたりから活発に進められている非自律的言語研究群である。これらにはそれぞれに背景があるが，一つの潮流をなしているかのように見える。複合的にからみあってクリアカットに区分できないこれらの研究分野のいくつかの研究を眺めて，この潮流の意味するところを考えてみたい。

　非自律的な言語観を持ったアプローチの一つは機能という視点に立つものである。言語使用の目的，その目的が果たされる場面，言語使用の場面や状況に埋め込まれたところの意味などの観点から言語体系の構造が記述される。「機能主義」という名の下で，このアプローチの研究群をくくるのは容易ではないが，その先駆けとしてはプラハ学派のBühler や Jakobson，ロンドン学派の Malinowski, Firth，さらにこれらの伝統を受け継ぐ Dewight Bolinger, M. A. K. Halliday, Susumu Kuno などをあげることができるだろう。機能主義の共通した定義は筆者の知るところでは見当たらないが，ざっくり言えば，理論的な言語研究における形式主義や自律的な言語学に対立する概念である。近年では，談話文法，語用論，認知言語学，人類言語学などに横断的に通底する基本理念とされている。

　2000年前後から研究が活発に展開される相互行為言語学の先駆けとなる機能談話文法は，基本的に談話行為を，語用論，意味論，形態的統語論，音韻論といったあらゆるレベルの単位で分析する。すなわち，機能談話文法は，大なり小なり全てのレベルの文法組織を扱うことを目的としている。また，機能談話文法は，コンテクスト要素がどのように関わり，それがどういった構造を持っているか，という点にも重点を置く。コンテクスト要素は，文法が正常に機能する上で必要不可欠な構成要素の一つであり，その場その場の状況ごとの，広範囲の情報を含む上に，意味や統語や音韻といった文法のあらゆるレベルにも関わる。機能談話文法は従来の機能文法に比べてより広範囲の文法の構成要素を研究の射程に入れ，コンテクスト要素が，いかに概念を言語化する段階において大きく作用するのかを論じようとした。

　機能談話文法における研究のアプローチは，文法全体の構造に焦点を置こうとする点では形式的であるとも考えられるが，文法における機能の多様性を考慮し，発話の性質は話し手が聞き手に対して達成したい，何らかのコミュニケーション上の目的的行為であると考える点では機能的であると考えられよう（Alturo et al. 2014）。コンテクストをどう扱うかは，ややもすればブラックボックス化し，理論上想定はしても，実際にどのようなコンテクスト要素がどのように関わるかを論ずることは容易ではないと考えられていた。機能主義はその試みである。

　相互行為の言語学の一つの流れを作ったのは，John Gumperz であるが，その中でもコンテクスト要素は焦点の一つである。

　ガンパーズ（Gumperz 1982）は相互行為の社会言語学（interactional sociolinguistics）と

呼ぶ研究プログラムで，言語変種とマクロ的な社会的要因との相関を超えて，個人が築くネットワークによって形成され，変容を受けていく言語変化と言語行動のモデルを求めた。この枠組みの中で彼は統語的な要素，言語的変種，慣用表現，イントネーションなどの韻律のパターンなどのパラ言語的な要素，非言語的な要素などがいかに推論や解釈のプロセスに関わるかを論じた。そのような言語的，非言語的シグナルはそれ自体が指示的な意味，メッセージ内容を持つだけではなく，「コンテクスト化の合図（contextualization cues）」として解釈の枠組みを喚起し，当該の発話をどう解釈すべきかの手がかりとなるように配置されるとした。

1970 年前半に Jenny and John Gumperz がコンテクスト化（contextualization）という概念を使い始めて以降の Gumperz の一連の研究は，言語とコミュニケーションに関わる諸要素に着眼する，相互行為の言語学の基盤になっているものである。この研究の意義は，コンテクストがどのように成り立っているかを実証的に明らかにしようとした点である。解釈的アプローチ（interpretive approach）と呼ぶやり方はたんにアプローチの問題ということではなく，自律的な言語学から大きく一歩踏み出したものだ。コンテクストにどのような要因が関わっているかを解釈のレベルから掘り起こそうとしたのである。言語事象があり，使用者や観察者が解釈をするという図式を逆転させたものだ。これによって言語と言語を取り巻く諸要素を分析することが可能になったのである。

Gumperz も一線を画しながらも同期しているエスノメソドロジーの会話分析（conversation analysis）は，言語学における談話分析にも大きな影響を与えた。ちなみに，エスノメソドロジーは社会学の一派とされる知見で，ここでも言語学外から非自律的言語学へと展開することになる。そもそもエスノメソドロジストたちの関心は，何気ない日常生活をわれわれが営むための知識，日常を生きるすべ（メソッド）がどのようなものであるかということだ。そのような知識，技術は必ずしもことばにして説明できるものばかりではない。エスノメソドロジーが目指したものはそういう「日常知」である（したがって，ethnomethodology の ethno を「民族」と訳すのは，完全な誤解であり，完全な誤訳である）。エスノメソドロジーは会話の順番取り（turntaking），隣接ペア（adjacency pair）などの重要な概念を生み出したが，これは会話分析だけではなく，言語学の談話分析においても基本概念となった。いずれも会話を対象とするだけに，それぞれの分野において会話は同じ意味を持っているように見えるが，研究の方向はまったく異なっている（会話を分析すれば「会話分析」になるわけではない）。固有名詞としての「会話分析」と区別して Gumperz は自らの研究手法を "conversational analysis" と呼んでいた。

Fox, Thompson, Ford and Couper-Kuhlen (2012) にそって，会話分析と言語学の関わり，そして相互行為の言語学への展開を見てみよう。これら二つの分野は，1970 年代，Sacks が日常会話に目を向け，言語を詳しく研究しはじめたところから始まった。"A simplest systematics" (Sacks, Schegloff, & Jefferson 1974) と "The preference for self-correction"

（Schegloff, Jefferson, & Sacks 1977）がジャーナル *Language* に掲載されたことは，生成文法のパラダイムが主流であった言語学界に衝撃を与えた。言語学では，主に 1980 年代半ばから 1990 年代初頭に談話・機能言語学が文法の相互行為的役割を探求し始め，1990年代に「文法と相互行為（grammar and interaction）」という用語が使われ始める。1996 年には，会話における形態統語論とプロソディーに関する重要な研究が発表された（Couper-Kuhlen & Selting（1996）など）。2000 年代初頭に，音だけではなく文法も相互行為の観点から研究しようというコミュニティができ，そこで「相互行為言語学（Interactional Linguistics）」という用語が使われ始めた。

　相互行為言語学が目指すのは，言語が相互行為によってどのように形作られるか，特定の言語を通して相互行為がどのようにモデル化されるかの解明である。Selting and Couper-Kuhlen（2001）によると，相互行為言語学は会話分析のみならず，談話・機能文法，会話分析，人類学的な言語研究という 3 つをプライマリーソースとしているため，会話分析とは異なる点が見られるという。会話分析には社会的な指向性があるのに対して，相互行為言語学は言語そのものや言語形式に主な関心を寄せる。会話分析と相互行為言語学の間には重なる部分も大きいが，相互行為言語学は相互行為的な機能やパターンを基盤として言語の「構造」を明らかにしようとする点で会話分析とは区別される。

　現在の会話分析研究は，複数の領域を横断して多重的な手法で行われる，学際的なものとなっている。相互行為言語学の研究も多様性を持ち，会話分析の概念を利用しつつ伝統的な言語学の手法を使って文法を分析する「会話分析にインスパイアされた言語学（CA-inspired Linguistics）」，応用言語学的なテーマを扱う研究など，さまざまな広がりが見られる。

　会話分析は，さまざまな面で言語学に新たな視点をもたらした。データの見方については，会話を刻一刻と展開する動的なものとして捉える見方を提供した。これによって，言語的なパターンを静的な形式と捉えるのではなく，特定の発話連鎖における「実践（practices）」と捉える動的な見方へと転換した。研究手法の面では，形式だけでなく行為のタイプ（action-type）に着目して事例を集める手法をもたらした。投射可能性（projectability），ターン交替（turn-taking），連鎖の組織（sequence organization），自己修復（self-repair）といった会話分析の概念もそれ自体が研究トピックとなり，根底にあるエスノメソドロジーの考え方も言語学に大きな影響を与えた。理論的にも，会話分析の研究は，言語実践（linguistic practices）が連鎖固有の行為（sequentially-specific actions）であるという視点を示した。すなわち，ある言語形式が相互行為上の機能と一対一で対応するのではなく，その形式によって達成される行為は生起する連鎖のタイプに応じて決まるという見方をもたらし，連鎖固有の用例の定式化を促した。

　一方，言語学の研究も会話分析や相互行為の中の会話（talk-in-interaction）の研究に貢献している面もある。Sacks, Schegloff, and Jefferson（1974）は，文法がターン終了を予

測するための主要な資源であるとしたが，伝統的な文法範疇の妥当性を検証はしていなかった。それに対して相互行為言語学は，従来の文法範疇や文法的な単位についても批判的検討を行っており，それらの研究成果がTCUs (turn-constructional units) の分析の精緻化につながった。また，相互行為言語学の最も重要な貢献は，通言語的な視点を導入したことである。言語コミュニティが違うと，相互行為に使われる資源や行われる言語活動も異なることが扱われるようになり，もともと英語を対象に行われていた会話分析の研究が幅広い言語を対象になされるようになった。英語以外を対象とした研究によって，文化や言語の違いに依存しない，相互行為の基本的な「メカニズム」も示された。そのほか，相互行為における音声の役割について詳細な説明を与えたこと，定量的な分析の手法をもたらした点なども，言語学の貢献である。本来，エスノメソドロジーの基本的な問いからすると，通言語的な視点をとる必要も必然性も低く，局所的に相互行為的に人の営みを達成する「方法」を問うていたところから，言語学に開いた会話分析からすると言語学的展開もひとつの展開としてありえたのであろう。

　今後，この研究群の課題とされている，言語的カテゴリーの扱い（分析に適切なカテゴリーはどれか，言語カテゴリーが分析にどのような役割を果たすか等），言語形式と情緒的態度（affective stance）の関係の解明，映像データを用いた分析では，言語を相互行為におけるほかの記号体系の一部として位置づけることが避けられないだろう。相互行為は言語から独立に起こりうる。それは同時に，会話の中には複雑で豊かな資源が含まれていることをも意味する。

　このような視点はマルティモーダル研究へと連なる。会話の資源への着眼が意味をなすのは，これらの諸記号にどのようにコーディングするかという問題に妥当な形で取り組むことによるだろう。これは後述するところの「分節化」の重要な側面である。

　このような分析に連なるものとして，2000年前後から新しい言語観，文法観が生み出されてきた。Hopperの創発文法とDu Boisの対話統語論などである（堀内（近刊））。Hopper（1998ほか）の創発文法（emergent grammar）は子供の言語獲得と大人の文法は，定型性，事例の集積であり，生成文法のように言語能力の中心にあるものではなく，むしろ周辺にあるものと考える。この立場に立てば，文法は事後的に生まれる現象ということになる。歴史家James Cliffordからとった「創発的」という切り口は，文法が発話にともなうリアルタイムで，一時的で，移ろいやすい社会現象だと見なす。その場その場で進行する談話の中で，構造や規則性は立ち現れ，相互行為のうちに形成される。

　従来の言語観，文法観では，文法は言語の運用が埋め込まれたコンテクストとは無関係に規定できると考えられてきた。生成論者にあらずとも，一般的にもそのような文法に対する意識はいわば当然視されていたであろう。そもそも文法書なるものが，規範的なガイドラインとして，学習者などに参照されることからもその想定から逃れることはむしろむずかしい。

創発文法においては，生成文法のモジュールのようなものは想定されない。抽象的構造の貯蔵庫のような独立した文法は存在しないとされる。創発文法は多種多様なかたちの繰り返しだったり，使用の蓄積であったりする。そして，十分に多くのパタンが識別され，下位システムを形成するとみなされて文法が創発すると考えられる。個別の文法は，実際の使用の中でたえず再構成される開放された集合である。

創発文法は抽象的なものではなく，実体的であり，物質的である。文法形式はかつて使われたことのあるものであり，将来また使われるかもしれないものである。そして，使われるごとにまた異なった文脈の中で意味は修正をうける。言うまでもなく，生成文法が想定する「理想的な話者」という見方とは大きく異なっている。このような考え方に立てば，文法はコミュニケーションの共同参与者に分散されているものということになる。文脈から切り離されたところの文の容認可能性については話者の直観が一様ではないことがあるのは，それが理由である。生成文法からすれば，その問題を回避するための方策が「理想的な話者」だったわけだ。

堀内（近刊）の議論を借りながら，Hopper に加えて Du Bois（2014）の「対話統語論」も見てみよう。対話統語論にとって重要なデータ源はいわゆる話しことばにおける対話である。たとえば，Hopper の創発文法においては，言語の構造や規則性は日常の言語使用から創発すると考えられているが，チョムスキーで言えば performance，ソシュールにおいてはパロールにこそ創発される文法の源があるということになる。日常の会話の中で繰り返し生じるパタンが文法であると考えられ，文法は話者がコミュニケーション上の要請から生み出された動的なものとして捉えられる。生得性という生成文法の前提とは真っ向から対決することになる。話し言葉は動的な使用の中で生じる文法を最もはっきりした形で示すものであると考えられるとされる。こうした文法観に依拠した研究において会話は重要な研究対象である。かつての話しことばに関わる研究では，書きことば対話しことばというスタイルの差などを論ずるものがあったが，それとはまったく異なる。

Du Bois（2014）の対話統語論は，対話とコミュニケーションを基盤とする文法観を背景とし，相互行為の中で統語が成立するという立場にたつ。発話は先行文脈から切り離しては存在しえず，発話間の連鎖関係の中にある。発話はつねに先行発話に基づいたものであり，別の話者の新たな発話も文脈とは切り離せない。とくに Du Bois が知られる概念は発話間に見られる「響鳴（resonance）」と呼ばれる現象である。会話には，ある発話に対して別（または同一）の発話者が音韻・形態・統語・意味・機能などあらゆる面で類似した発話をする現象が多く見られるとされる。例えば Du Bois（2014）は以下のような会話を例に挙げている（堀内（近刊））。

相互行為・機能・談話系言語学が意味すること 63

```
JOANNE:    It's kind of like ^you Ken
KEN:       That's not at ^all like me Joanne.          (Du Bois 2014: 361)
                        (^ は primary stress)
```

　対話統語論では，発話間のマッピング関係を明示する表記法として，複数の発話間で対応する要素間を縦に配置するダイアグラフ（diagraph）という表記法が用いられる。このような表記，コーディングは重要だ。上をダイアグラフの形式で表したものが下だが，これを見ると発話間のマッピング関係がはっきりと見て取れる。この発話対を見る限り平行性はダイアグラフがなくとも比較的明確なように思われる（"like you" と "like me"，Ken と Joanne など）。しかし，より重要なことは，このような明示的な形式でコーディングされていることである。その意味は後述しよう。

```
JOANNE:    It's     kind of   like  you Ken.
KEN:       That's  not at all  like  me  Joanne.
```

　この例では，X is Y というコピュラ文の構造が共通しているのに加えて，代名詞（it：that）や副詞的な修飾要素（kind of：not at all），形態的な一致（'s：'s）が類似の位置に共通して生起していることもわかる。また，it と that，you と me がどちらも同じ指示対象を指しているという意味，語用のレベルの記述は有効になろう。さらに，固有名詞の使用は呼びかけ語という共通の語用論的，社会言語学的機能を有しており，音韻的にも両者ともに文末が下降調となっている。先行発話と類似した発話が後続することで発話間の類似性を活性化させる現象が響鳴である。響鳴による発話は，全く新しい文を一から構築するよりも認知的負荷が少なく，また，先行発話の情報を使うことで会話への関与を示すはたらきも持つとされている。対話統語論では，こうした響鳴の繰り返しによって対話の中から文法が発達すると考えられている（堀内（近刊））。

　従来の言語学では，言語分析はしばしば作例ベースで作られた文を母語話者の直観によって判断した抽象的な原理にもとづいていた。しかし，創発文法やこれと共通する考えをもつ相互行為，談話・機能を旨とする研究群では，談話のある部分が固定され，繰り返し用いられ，安定的で均一的なレベルはなく，接ぎ木（graft，ジャック・デリダ）のごとく連なり，パタン化されてかたちをなし文法が創発すると考える。自然発生した発話の中にそのような用法基盤という言語の本質を見ることができると考える。Wray（2002）のように定式性の機能に特化した議論もある。

　そのようにみれば，創発文法や相互行為言語学，談話機能主義言語学の本質は，話しことばにあると思いがちだ。Hopper は Per Linell の *The written language bias in linguistics* をひきながら，これまでの言語科学が無意識のうちに標準的な書き言葉を言語のモデルと考えてきたことを述べている。

しかし，それは一面に過ぎない。言語研究が会話や自然発話を研究対象とする方向へと舵を切っている大きな要因は，まぎれもなくコンピュータテクノロジーの発達，データ処理技術の発達である。この時代の潮流の本質は，会話でも話ことばへの傾注でもなく，コーパス基盤であったり，用法基盤であったりという理念でもない。コンピューター処理が可能であるとかデジタル化であることは本質の一側面ではある。しかし，より本質的なことは，あらゆることが分節化され，その情報が大量のデータでありつつ個化されているということだ。そしてそれがインターネットのネットワークに組み込まれているということなのである。

Thompson, Fox and Couper-Kuhlen（2015）の会話分析における言語的単位に関わる議論を見てみよう。彼女らは，会話分析がターン構築の分析において言語学の伝統的な単位をそのまま利用してきたことを問題として提起し，抽象的な言語単位ではなく社会的行為を基盤とした説明が可能であることを提案している。Sacks, Shegloff and Jefferson（1974）は，参与者が円滑にターン移行できることを説明するための基本的な構成要素として，ターン構築単位（turn-constructional unit; TCU）を提示し，これを話者交代のシステムの基盤と考えた。TCU は言語的なカテゴリーに広く対応しているとされるが，問題は会話分析の研究者らは言語的カテゴリーを所与のものとして扱っていることだという。ここ数十年の会話分析の研究でも，文法的な形式を分析に利用してはいるものの，それ自体を社会的・相互行為的観点から疑問視したり修正したりすることはめったになかった。こうした背景から，Thompson らは，相互行為における文法的単位を再考する重要性に目を向け，言語的なカテゴリーではなく社会的行為を基盤としてターン構築を説明することを目指した。そのための事例研究として，ビデオデータから抽出した以下 2 つの事例を対象に，ターンの展開を詳しく分析した。

(i) 普通ではない（unusual な）文法的形式（e.g., *the cafe de yin ya:ng? when he was twte:n?*）

(ii) 普通の文法的形式（e.g., *it is cool*）

分析においては，抽象的な文法的単位に依存せず，行為（actions），プラクティス（practices），そしてターンの軌道（trajectories）に着目した。会話分析の伝統に従い，複数の参与者の声や身体の動きにも注意を払いながら，自然に発生する相互行為の瞬間を詳細に記述した。その結果，どちらのタイプの事例においても，抽象的でアプリオリな文法範疇を用いることなく，行為を基盤とした概念（e.g., 'reference formulation', 'assessing action', orienting to a 'locus of joint attention'）を使ってターンの創発を記述することができた。言語的な単位というのは，それ自体によって何かを説明するものではなく，社会的相互行為に付随して起こるものとして見なされるべきだと彼女らは指摘する。

また，自然会話の「質問-応答」隣接ペアを，それぞれ文法形式によって複数にタイプ

分けして，応答（responsive actions）は働きかけ（initiating action），つまり応答は質問形式によって連鎖反応するという仮説のもとに会話データの分析を行っている。ここでも，創発文法の考え方を基本として，相互行為の中で会話は型，タイプ（ある種の文法）を習慣的に構築していくことでなされるという文法を「位置感知文法（positionally sensitive grammar）」呼んでいる。文法は言語実践であるとし，人間のコミュニケーションの働きかけの要素に基づいて，

1) Information-seeking sequences (QW-interrogatives)
2) Informing sequences
3) Sequences involving assessments
4) Requests sequences

の4つに分類して分析した。1）と2）は informing として括ることができ，これらは informing, sharing, requesting という人間のコミュニケーションの基本的な動機付けとされている（Tomasello 2008）。

はたして，これらの研究群は何を意味しているだろうか。その意味と背景と今言語研究が置かれてる状況と今後とを考えてみたい。

生成文法との対照で考えるならば，まず第一に明らかなことは，これらの研究群が研究手法としても言語獲得のモデルとしてもすべてボトムアップ的であるということだ。生成文法のトップダウン的なモデルは理論としてエレガントであるとしても現実の言語使用，さらには言語能力を解明するには不十分であることが明らかになってきている。実用面においても，機械翻訳（自動翻訳）の世界では，トップダウン的な，旧来の文法モデルではうまくいかないことがすでに数十年前から明らかになっており，その技術者の間ではもはや常識である。

このボトムアップモデルであることは，社会的な文脈で考える必要がある。言語研究も社会から生み出されたものであり，その社会的な背景やトレンドと無関係ではありえない。19世紀以前の歴史言語学は近代ヨーロッパの国家形成への意識と無関係ではなく，1920年代からのいわゆるアメリカ構造主義言語学は，背後に行動主義ブームがあったことは明らかだ。認知言語学の下支えになっているものの一つはあいまい工学であり，当時はあいまいさが「ファジー洗濯機」などの家電のウリにもされ，流行にもなった。

本稿で取り上げてきた研究群はとりわけコミュニケーション・テクノロジーの変革と関わりが深い。1990年代以降，我々のコミュニケーションのしかたは大きく変わってきた。電話回線を用いたパソコン通信の登場で驚いたかと思いきや電子メールのインパクトは一般市民より早く研究者や大学にもたらされたが，仕事のやりかたそのものが大きく変わることを瞬時に予感した人は少なくなかったであろう。その後の SNS の登場やなによりもスマートホンの普及は我々のコミュニケーション，さらには生活そのものを変革した感が

ある。

　言語学の世界では，2008 年は，いわば昔ながらの手作業の研究からコーパスなどを用いた研究など，コンピューターで大量のデータ処理をする分析が急増する「量的転換 (quantitative turn)」の年だと Janda（2013）は論じている。彼女は，1990 年から 2012 年の *Cognitive Linguistics* 誌に掲載された論文を調査し，2008 年を境にそれまでの 20 年と比較してこの 5 年間はまったく傾向が異なっていることを示した。量的研究をした論文の割合は 50% を超えるのが 2008 年であり，1990 年 -2012 年の量的研究をした論文の半数以上が 2008 年 -2012 年に出版されたものであるという。Janda は，この転換を生み出した要因として，コーパスの発達と統計ソフトの発達をあげている。特に，オープンソースで UTF-8 endoding をサポートしている R が広く利用可能になったことも大きいとしている。

　2008 年といえば，世界がいわゆるリーマンショックに揺れた年である。リーマンショックをはじめとして経済の世界の話など言語や言語学の動きと無関係と思う人が多いかもしれない。しかし，実はそうでもない。話はアメリカの NASA にさかのぼる。アポロ計画を頂点として，アメリカ政府は NASA の予算を削減し続けているが，そのためにここの頭脳が放出された先の一つは金融業界だった。デリバティヴと呼ばれる金融商品群を開発した中心は元 NASA の精鋭たちだったのである。しかし，その頭脳もリーマンショックでこの業界から放出されることになる。そして，その受け入れ先が Google をはじめとするコンピューターテクノロジーの世界だったのである（水野有平氏（グーグル株式会社執行役員，YouTube 日本代表）談）。つまり，2008 年はコンピューターテクノロジーによる世界の大変革の始まりを象徴する年でもあった。もちろん NASA の予算削減も急激なものというわけでもなく，リーマンショックで一斉に人材が移動というわけでもない。しかし，2008 年が Janda の指摘と符合することはたんなる偶然ではないように思われる。

　リーマンショックはたしかに大きな出来事ではあったが，もちろそれが直接の引き金ということではないだろう。しかし，宇宙科学から金融工学，そしてインターネットテクノロジー，データサイエンスへと大きく人材が流れていったことは事実だ。たとえば，YouTube の創始者たちは，もともと Paypal の社員だった。その後，YouTube は 2006 年に Google に買収される。データサイエンスもインターネットと共進化してきた。YouTube の動画をすべて再生すると（本稿執筆時で）3000 年以上かかると言われているが，これほど巨大なデータを管理運営する程度までにテクノロジーが進化しているということだ。

　日常に目を向けても，我々のコミュニケーション活動に対する，電子メール，LINE，Facebook，Twitter などの SNS，Google などの検索，YouTube などの動画配信が与える影響ははかりしれない。我々のことばを用いた生活のコンピューターテクノロジーへの依存度は飛躍的に高まった。また，一般社会，メディアでの扱いを見る限り，2017 年はま

さに AI（人工知能）時代の入り口だったように見える。

　言語学における量的転換を生み出した要因も，データサイエンス，インターネットを含めたコンピューターテクノロジーである。繰り返すが，言語学も時代の流れとしばしば無関係ではない。21 世紀の最初の四半世紀であるこの時代を象徴するキーワードはいまのところまだ定着したものはなさそうだが，その一つは分節化（fragmentation）だろう。framentation ということば自体は，コンピュータの用語でもあり，また金融関連のことばでもあるようだが，ここで意図することは，デジタル化，個別化と，それと一見相反するようなクラウド化とを併せ持ったような意味合いである。マーケティングや広告業界では，近年さかんに用いられるようなキーワードである。

　例えば，広告業界で言えば，いまマスの時代が終わりつつある。新聞や雑誌の広告出稿量は大幅に減少し，不特定多数の人たちに向けた街中の看板などに空きが目立つようになってきた。アマゾンに代表されるような，消費者に対して個化したビジネスが急速に広がってきた。特定の品目を大量に売るというビジネスモデルは減退傾向にあり，個人それぞれの好みに応じた商品がファンを生み出し，そのファンが繰り返し類似のものを買うという消費モデルが志向されるようになってきた。

　分節化のインパクトは社会的にも大きく，その意味するところは多岐にわたる。Google はいまや動詞としても使われるまでになったが（OED は 2017 年時点では未収録），この社会的な意味は，ピンポイントで目標に到達することができるメンタリティが人々に身についているということだ。Google などを検索すれば一般的な情報であればピンポイントですぐにたどり着くことができる（現代人は物知りである）。あまりにピンポイントで目標にたどり着けすぎて，社会が余剰のものに対する忍耐を失いつつある。スマートホンで直接電話できることに慣れすぎて，電話で呼び出してもらうことにはおっくうさを感じるようになった。

　特定のタレントの髪型を誰もがするという印象をうけるような流行はいまやない。NHK の紅白歌合戦も視聴者の嗜好が多様化して，必然的にかつてより放送時間も長くなり，出演者も増えた（そして視聴率も低下傾向である）。マスの時代が終わりつつあり，細分化された社会の構成が浸透してきた。主としてインターネットを介してつながる新しい共同体は，community of interest と呼ばれている。

　分節化，デジタル化，個化の意味するところは，その一方で，人間にはとても手におえないような大量のデータを扱うことができるということである。グーグルや SNS を基盤とするビジネスを可能にしているのはまさにこれであり，コンビニやあらゆる業種で，ポイントカードを顧客に持たせる目的は大量のデータそのものがビジネスの資源になっているからにほかならない。ビッグデータということばも日常的に耳にするようになった。

　言葉の魔術師とも言われる劇作家シェイクスピアが初めて使ったとされることばは以前は 2,000 ぐらいあるとされていたが，最近では 1,500 程度とされるようになった。デジタ

ル化され，コーパスの出現で，400 年近くにも渡って数多くの人たちが目にしてきたはず
のテクストから得た知識はデジタル化によってあっという間に覆されたのである。

　人類の言語の誕生は，諸説があるが，どの説にのっとったとしても，それから膨大な時
間が流れている。しかし，文字の誕生まで，人のことばのすべては消えてなくなってい
る。文字が誕生し，歴史時代になってからいくらかの記録がなされるようになり，その一
部は我々は見ることができる。印刷術が誕生し，出版がなされ，ことばは大量に頒布され
残されるようになったが，その多くは公的な記録であったり，文学作品であったり，報道
であったりした。これとくらべると話しことばが比較にならないほどの量で記録されてい
るのが現代である。もちろんそれは個人情報だとかアクセスに関わる制限などで誰もが自
由に閲覧することができるものではないが，多くの人たちはスマホや PC で文字を打たな
い日はないくらいだろう。単純な文字数だけ言ってみれば，その数はおそらく数分で人類
の歴史の何百年かに匹敵するくらいの量であるにちがいない。おそろしいことに，この膨
大な量の文字を何らかの形で処理することが可能になっており，実際にそれは行われてい
る。ただし，その大部分は人の手によっていない。SNS が，思いもかけなかった昔の友
人のことを，友人ではないかと問いかけてきたりする。人と人との関わりをアルゴリズム
が推測してくるのだ。薄気味悪いことこの上ない。

　トップダウン的なモデルは人間の理解がしやすく，扱いやすいものなのだろう。チョム
スキーがたとえどんなに天才だったとしても，やはり人間だ。生成文法のトップダウン的
なモデル対用法基盤的なボトムアップ的なモデルはアプローチの方向性として対峙してい
るというだけではない。単純に言ってしまえば，生身の人間ができるかいなかということ
でもある。

　人間の手によるものは貴重だ。美しくすらあるかもしれない。チョムスキーに代表され
るような演繹的な文法観の展開は，ある意味できわめて人間味にあふれている。アカデ
ミックライティングなどでパラグラフを書くときに演繹的に書け，トップダウンの構造に
しろと言われるのは，ひとえにそれが効率的で，わかりやすいからである。

　アメリカでこの演繹的なライティングを生み出した一因は，高等教育についていえば，
1970 年代から 80 年代にかけてベトナム戦争から帰還した若者が復員兵援護法（GI Bill）
によって大学に入学し，高等教育の大衆化が進んだことだという。学生数が増え，高等
教育が多様化し，いかに大量の学生に学術的な論文を書かせるかということが大きな課題
となったのである（渡辺 2004）。

　ボトムアップの処理は量が多くなればなるほど，人間の手には負えない。用法基盤とい
う考え方は，言うはやすしだが，絵空事になるところだった。コンピューターの「ビッグ
データ」的な処理があってはじめて現実的な意味を持つようになったのである。相互行為
によって文法が創発するという視座も，生成文法が前提とする文法の生得性に相対する概
念であるという理念的な対立軸である段階を超えつつあるのだ。

さらには，言語分析において，内省によるべきか，コーパスなどによる量的なサポートを要するかという議論もやがて終わりをつげるであろう。QDA（Qualitative Data Analysis）のソフトウエアや方法論もさらに発達し，内省もデジタル化していくことになるだろう。コーパス言語学のフィロソフィーは，量が膨大になると量の問題が質の問題に転化するというものだが，やがて質の問題も量の問題に転化していくだろう。

　Google 翻訳がニューラルネットによるようになりかなりの進歩見せてきている。ディープラーニング，AI の進歩がさかんに報じられ，ロボットの会話能力の高まりも商品化につながる動きがある。ことばの科学の本家であったはずの言語学は AI に飲み込まれそうな勢いにも見える。

　しかし，それは（少なくとも当分は）そうではないだろう。人間の自然言語にくらべれば，ロボットたちのやはりまだまだだ。ロボットが人間の仕事を奪うと喧伝されるが，あらゆる面で人間の創造性に追いつく日はまだ想像しがたい。ただし，言語研究はすでに AI，ロボットの研究と歩みと同じくしはじめている。それが量的転換の意味だ。

　いま一度本論の前半で取り上げてきた相互行為，機能，談話系言語研究の話に立ち返ろう。たとえば，Thompson et al.（2015）では，情報のまとまり，そしてそれに対する反応という単位，ディスコースの単位で論じられ，ニュースや報告など新たな情報を得ることを informings と呼び，それに対して人々が決まってとる対応を分析している。情報を受け取った人はさまざまな種類のあらたな（未知だった）情報提供に対する態度を示す。それは態度の証明（evidence of their orientation）である。認識論的状態を引き合いに出し，non-knowing から（more）knowing になるという意味で K- K+ という記号を用いる。文末が上昇イントネーションだと聞き手がまだ完全には K+ ではないという認識を，文末が下降イントネーションであれば聞き手がどのような実用的な目的にせよ K+ になり，それ以上の情報を求めていないことを示す。情報提供への反応は連鎖した強い繋がり（tightly sequence bound）である。また，情報の入力に対して，あらかじめ形のある（prefab），準固定化された表現が少数の不変化詞からなっており，いくつも慣習化されている。たとえば下降イントネーションの oh は，これを使うことにより，情報を受け取った側が，その情報を以前は知らなかったこと（情報の受け取り），情報が informative であったことを話し手に示している。それに加えて，その情報に対する情動的（cognitive-affective）な態度を示し，その話題に関する会話をさらに発展させようとしている。一方，上昇イントネーションの oh は予期せぬ情報への返答という意味で，really? と似た意味を持つ。Really? は（本当であれ形式上であれ）提供された情報の妥当性についての疑いを示し，提供者に情報の最低限の確認を促す。

　このようなボトムアップで，デジタル的で，大量のデータ処理に適合性の高い研究は今後も大きな潮流となり，ニュースなどの社会性の強いデータにも応用範囲をひろげて行くだろう。そうなれば，当然の流れとして，このような研究群の一部は社会言語学的な性格

を帯びてくる。言語は異なった経験を持った人たちが不均衡に分布し，人々は異なった威信（presitige）を持った言語変種に接してきた経験をもち，不平等に言語能力を身につけるという現実を我々は突きつけられる。テクストが（つまりはデータが），CDA（Critical Discourse Analysis）がこれまでも想定してきたような社会的バイアスと無縁であることは，理論的にも実際的にもできなくなる（CDA の方も変容を迫られるだろう）。その意味では言語学は必然的に社会言語学にならざるを得ないのである。言語が個々人のコミュニケーションと言語を介した生活の集積であるとするなら，それはまさしくこれまでも長く問われてきた社会言語学の問いそのものである。

　おそらくそこで取り沙汰されるのは「第二のソシュールのパラドクス」であろう。通時体と共時体の区別は理論的に構築されたものであり，実際には，共時的な社会に世代差があるように，通時的な差異が混在していることを「ソシュールのパラドクス」と呼んでいるが，均質的な言語共同体，ラングを想定できないのは，世代間格差だけではない。言語共同体の成り立ちそのものが分散型であり，開放的で，分節化されたものだ。そしてそれを議論の俎上に乗せることができるテクノロジーを言語学は手に入れ始めたのである。

引用文献

Alturo, N., Keizer, E., & Payrató, L. (2014). The interaction between context and grammar in functional discourse grammar: Introduction. *Pragmatics,* 24(2), 185-201.

Couper-Kuhlen, E., & Selting, M. (Eds.). (1996). *Prosody in conversation: Interactional studies.* Cambridge: Cambridge University Press.

Du Bois, J. W. (2014). Towards a dialogic syntax. *Cognitive Linguistics,* 25(3), 359-410.

Fox, B. A., Thompson, S. A., Ford, C. E., & Couper-Kuhlen, E. (2012). Conversation analysis and linguistics. In J. Sidnell & T. Stivers (Eds.), *The Handbook of Conversation Analysis.* (pp. 726-740). Hoboken, NJ: Wiley-Blackwell.

Gumperz, J. J. (1982). *Discourse strategies.* Cambridge: Cambridge University Press. (井上逸兵・出原健一・花崎美紀・荒木瑞夫・多々良直弘訳『認知と相互行為の社会言語学——ディスコース・ストラテジー——』東京：松伯社 2003 年.)

Hopper, P. (1998). Emergent grammar. In M. Tomasello (Ed.), *The New Psychology of Language: Cognitive and Functional Approaches to Language Structure.* (pp. 155-175). Mahwah, NJ: Lawrence Erlbaum Associates.

Janda, L. A. (2013). Quantitative methods in cognitive linguistics. In L. A. Janda (Ed.), *Cognitive Linguistics——The Quantitative Turn: The Essential Reader.* (pp. 1-32). Berlin: Mouton de Gruyter.

堀内ふみ野（近刊）．「親子のやりとりにおける前置詞の使用——対話統語論のアプローチ——」，山梨正明他（編）『認知言語学論考 No. 14』東京：ひつじ書房.

Lakoff, R. (1975). Language and women's place. New York: Harper and Row.

Sacks, H., Schegloff, E. A., & Jefferson, G. (1974). A simplest systematics for the organization of turn-taking for conversation. *Language*, 50(4), 696–735.

Schegloff, E. A., Jefferson, G., & Sacks, H. (1977). The preference for self-correction in the organization of repair in conversation. *Language*, 53(2), 361–382.

Selting, M., & Couper-Kuhlen, E. (Eds.). (2001). *Studies in interactional linguistics*. Amsterdam: John Benjamins.

Thompson, S. A., Fox, B. A., & Couper-Kuhlen, E. (2015). *Grammar in everyday talk: Building responsive reactions*. Cambridge: Cambridge University Press.

渡辺雅子 (2004). 『納得の構造——日米初等教育に見る思考表現のスタイル』東京：東洋館出版社.

Wray, A. (2002). *Formulaic language and the lexicon*. Cambridge: Cambridge University Press.

A Shifting Field: The Renewed Prominence of Interactional, Functional and Discourse Linguistics

Ippei, INOUE, *Keio University*

Abstract

Linguistics has repeatedly shifted its paradigm every roughly quarter century since the 20th century. Cognitive linguistics is finishing its anti-Generative Grammar role. The paradigm characterizing the first quarter of the 21st century would be the philosophy of fragmentation, or digitalization, behind the 'quantitative turn' and differentiation of an unprecedented dimension supported by the Internet and computer technology. This paradigm shift in linguistics is linked to the movement of society in general. This paper will attempt to depict the trend behind studies which fall under the rubric of interaction, function and discourse.

Keywords
quantitative turn, fragmentation, computer technology

Reconsidering the Status of Constructional Schema*

Naoko HAYASE, *Osaka University*

Abstract

This report reconsiders the treatment and status of constructional schemas within the field of constructional grammar. Abstract constructional schemas have been criticized as not fully productive; however, it is also claimed that the alternative proposal, which states that there should be more specific levels of schema within a constructional network, also has problems. This paper suggests that both specific and abstract levels of schemas have their own importance and serve separate functions as forms of division of labor, with the former mainly used for accounting static, synchronic representations and the latter to accommodate and understand novel expressions.

Keywords

semantic change, coinage, constructional schema, full productivity

1. Introduction

Recently, within the field of Construction Grammar, the status of constructional schema has recently come under scrutiny with concerns about whether the schema extracted from its members qualifies as a constructional schema or not. Some researchers, such as Booji (2013), claim that any schema could be considered as a construction,[1] while others conversely posit that only productive schema can have the status of construction schemas. Further, Kay (2013) specified that the realm of true constructions should be restricted to only those that have strict full productivity. Moreover, the recent Lexical-Constructional approach proposed by Croft (2001) and Iwata (2008) claims that the more concrete schema level should be emphasized to appropriately capture the skewed distributions in attested data. In this way, the appropriate level in order for schemas to qualify as constructions has received much debate.

---

* I am grateful to the editors of *JCL* for giving me the opportunity to contribute to this issue. Any remaining errors are mine. This study is partly supported by a JSPS Grant-in-Aid for Scientific Research (C) (No. 26370564).

[1] Booji (2013: 258) states that even non-productive word formation processes can also be viewed as constructions.

This paper examines these two ideas toward constructional status and points out some problems with each of them. It also suggests that both specific and abstract levels of schemas coexist and retain their own significance, each of which emphasizes on different aspects of the constructional network.

2. The status of constructions

Kay (2013), one of the initial developers of Construction Grammar (e.g., Fillmore & Kay 1999), takes a conservative and restricted view toward the notion of constructions. He claims that realms of construction should be limited to those syntactic patterns that are productive enough to sanction new usages. According to Kay (2005, 2013), the *All*-cleft construction, for instance, is to be deemed a construction since the schema allows full productivity by not restricting the types of sentences that can occur in *all*-clauses. On the other hand, Kay claims as a non-productive, non-constructional example the [A AS NP] formula, exemplified in (1).

(1) A AS NP [interpretation: 'very A']
    a. dumb as an ox
    b. green as grass
    c. dead as a doornail   (adapted from Kay 2013: 37, 38)

Despite the wide range of instances that fit the formula in (1), Kay argues this does not represent a true construction because the grammatical formula leads to overgeneralization and one cannot freely use this formula to produce new expressions, such as **strong as a horse* or **heavy as a truck*. Rather, Kay claims that this is an example of coinage (cf. Fillmore 1997),[2] which uses analogy to form new expressions. Coinage is the creation of a new phrase based on its similarity to other instances. In other words, the examples in (1) are created not through the grammar, specifically the schema *A AS NP*, but were extensively created on the basis of other concrete examples based on the similarity in form and meaning.

On this basis Kay further argues that even the Caused-Motion construction exemplified in (2) and (3), which has been widely discussed in Goldberg (1995) and others, should not be seen as a construction in the strict sense, because it results in "serious" overgeneralization.

(2) a. Kim pushed the shoe under the sofa.
    b. They laughed his Hamlet off the stage.

---

[2] The notion of coinage is attributed to Fillmore (1997). Fillmore made the distinction between constructions proper, which rely on the speaker's utilizing existing grammatical resources (which here correspond with constructional schema) on the one hand, and patterns of coining on the other, which rely on the speaker's ability to utilize existing concrete examples to yield new expressions.

(3) a. *He bragged her out of the room.
    b. *She screamed him under the bed.   (Kay 2013: 40, 41)

Kay argues that the existence of the ungrammatical examples in (3) suggests that the
[NP V NP PP] pattern is not fully productive. Rather, each example is individually
coined through an analogy with other concrete examples of the Caused-Motion pattern.

On the basis of the above and related arguments, Kay concluded that only syntactic
patterns that are fully productive could be regarded as constructions. In this respect,
Kay proposed a conservative and rigid view of constructions.

3. Verb-class/verb-specific constructions: To what extent?

3.1. The need for specific levels of construction: Skewed distribution

Some researchers, notably Croft (2001), Iwata (2008), and Boas (2010), have pro-
posed that abstract schemas are less rich in meaning and prone to overgeneralization,
while schemas at more specific levels within a constructional network play an important
role in sanctioning specific and concrete examples. To demonstrate this idea, Boas
(2010) cites the following contrastive examples.

(4) a.   She told Jo a fairy tale.
    b.   She wired Jo a message.
    c.   She quoted Jo a passage.   (Goldberg 1995: 148)
(5) a.   Michael advised Collin {*Ø/on} the best area for running.
    b.   She assured Jo {*Ø/on} her love.
    c.   She informed Jo {*Ø/on} all the beers she had.   (Boas 2010: 57–58)

It has been observed that utterance-related verbs such as *tell, wire,* and *quote* can occur
in the ditransitive construction as in (4); however, some verbs with similar meanings,
such as *advise/assure/inform* in (5), can not. This discrepancy cannot be truly cap-
tured by abstract constructional schema such as the [S V (=UTTERANCE-RELATED
VERBS) NP NP] skeleton only, because the examples in (5) are a result of an overgener-
alized application of that schema. To resolve the issue, a more specific level of con-
structional schema should be posited, such as [S V (=utterance-related verbs: *tell, wire,
quote*) NP NP]. Therefore, while an abstract schema may surely exist in the construc-
tional network, it is less likely to be accessed even by native speakers.

The recognition of the significance of lower levels of constructional schemas,
which Boas described as "mini-constructions," has been welcomed by many researchers
because it is in accord with the tenets of usage-based theory, which claims that gram-
matical knowledge is formed through specific language use. Based on usage-based te-
nets, a constructional schema does not constitute a rule, but rather functions as a local
commonality extracted from the individual examples, which could be further utilized to
create a new expression. In other words, it is descriptively implausible to posit the ab-

stract syntactic string as a constructional schema with full productivity.

Moreover, even the transitive construction, which is thought to be productive, is not free from idiosyncrasy. As an example of the setting-subject construction with perception verbs, we can alternately say *The 20th century saw/witnessed two serious world wars* or *The 20th century heard a rich sound coming from America*, but #*The 20th century smelled the outbreak of nuclear weapons* sounds awkward. In other words, full productivity is a theoretical ideal. Rather, as is revealed by the example of the setting-subject construction, partial productivity is ubiquitous in actual usage. Therefore, lexical-constructional grammarians claim that more detailed idiosyncratic information on the more specific level of construction schemas is required to appropriately represent the constructional network.

3.2. To what extent should schemas be specific?

Now, a further question arises: how specific is a schema required to be in order to "appropriately" represent the realm of possible instances? Certainly, a schema of the form [S V (=utterance-related verbs: *tell, wire, quote*) NP NP] could cover the actual attested data without an overgeneralized prediction. However, this is almost the same as a mere collection of more specific schema, such as [S *tell* NP NP], [S *wire* NP NP], and [S *quote* NP NP]. In other words, any verb-class-specific construction can almost always be boiled down to a set of verb-specific constructions.

Furthermore, even verb-specific constructional schemas do not necessarily capture all instances, such as in (6).

(6) a. #John told her a picture.
    b. #Mary wired him a TV drama.
    c. #Mary quoted them a story.

It is indeed true that not all the nouns may appear in a particular schema. The nouns that co-occur should accord with the constructional meaning of the schema as a whole as well as the frame semantics of the verb used in it. For instance, the second NP in this schema should be regarded as something construable as (containing) a message to be transferred; however, this restriction is stricter in the case of *quote* than that of *tell*.

(7) Mary {wired/quoted/told} me {#the story/#the novel/the words}.

If this is true, then it follows that even the verb-specific level of [S *tell* NP NP] or [S *wire* NP NP] still does not suffice to appropriately capture the individual expressions. This is naturally expected in other cases of polysemy. If we go further along this line, then, it may invite the conclusion that no abstract level can be deemed appropriately free from overgeneralization.

Recall the argument in the previous section that Kay's rigid pursuit of full productivity is unrealistic since partial productivity is ubiquitous. At the same time, however, the same argument might also apply to the claim made by the lexical-constructional grammar approach that a lower-level constructional schema is likely to capture the attested concrete data appropriately: even the verb-specific level of constructional schema is not necessarily without exceptions when applied to create a new expression productively. For instance, Taylor (2012) introduces the case of [OFF WITH] construction such as (8):

(8) a. Off with his head!
    b. Off with you!

We could view the [OFF WITH NP] form as a commonality that can be extracted from examples like those in (8), but the constructional schema shows limited productivity as well as both semantic and pragmatic idiosyncracies. This surely is not like transitive constructions, the schema of which allows more general members across the board and in a relatively unconstrained manner. However, this difference is not to be attributed to their status as constructions. Taylor strongly argues that "[t]he [OFF WITH] construction and the transitive clause construction differ only with respect to their generality, not in terms of their status as constructions" (Taylor 2012: 143). For example, various instances that match the specified categories can occur rather freely in the transitive construction, while not all lexical items can occur in the [OFF WITH NP] construction, as in (9).

(9) a. Down with imperialism!
    b. Up with equal education!
    c. On with the show!
    d. Into the car with you all!
    e. *From the table with it!   (Taylor 2012: 38, 281)

These idiosyncrasies cannot be captured by an abstract rule like [PP WITH NP], which results in some ill-formed examples, as in (9e). The instantiations of this constructional schema are distributed sporadically, as in (9a)–(9d). The information a native speaker should know is more detailed than that: concrete instances of the construction as well as the semantic and pragmatic aspects conventionally associated with them. In order to capture the whole set of examples related to the [OFF WITH] construction exemplified in (9a–d) without any overgeneralization, all we should do is only to refer to the exact instances with their idiosyncratic semantics and pragmatics.

To sum up so far, it seems generally appropriate to put the theoretical emphasis on lower-level constructions, but overemphasis there runs into the same problem: No schema at any level is free from overgeneralization. If we pursue this line of argument with full consistency, we ultimately arrive at the conclusion that the most appropriate level of construction should be item-based constructs.

3.3. Constructionalization and schema formation

If we turn our attention to language change, the status of constructional schema appears to be an even more gradable concept. From the diachronic point of view, a constructional schema emerges gradually out of the commonality extracted from a set of concrete examples. For instance, Traugott and Trousdale (2013) discuss the potential of a snowclone as a new constructional phenomenon. "Snowclone" is the term for a type of cliché, "a multi-use, customizable, instantly recognizable, time-worn, quoted or misquoted phrase or sentence that can be used in an entirely open array of different jokey variants by lazy journalists or writers" (Pullum 2003, 2004). It is created on the basis of its analogy with some already-existing fixed idiomatic slogan or phrase. Some examples of snowclones are as follows:

(10) IT'S X ALL THE WAY DOWN.
   a. It's caches all the way down.
   b. It's construction all the way down.
(11) X IS THE Y OF Z
   a. The Rockies are the Alps of North America.
   b. Was Margaret Thatcher "the Ronald Reagan of England"?

The original example that is the basis of the pattern in (10) is said to be "But it's turtles all the way down!," which was the response from an old woman who believed that "[t]he world is really a flat plate supported on the back of a giant tortoise" to the question, "What is the tortoise standing on?" Based on analogy and the replacement of the noun, similar expressions accumulate to yield an abstract schema of the form IT'S X ALL THE WAY DOWN. High-frequency schemas become entrenched until they become productive constructional schemas. In other words, no schema is a fully qualified constructional one from the start. Moreover, the entrenchment of the schema and its productivity are correlated: More entrenched schemas are more productive, while less entrenched ones are less productive. The status of a constructional schema is a matter of degree, and it may change over time.

In relation to this argument, it should be noted that the schemas extracted in this way are not necessarily appropriate for capturing the following concrete examples. As is well known, a schema is a mere abstraction from already-attested examples. It might become more productive and result in further examples, but we cannot know whether they can be applied to yield new expressions in a "fully" productive way. For instance, Traugott and Trousdale (2013: 184–185; 224–225) argue for the case of the snowclone-type construction [NOT THE ADJest N1 IN THE N2] by citing the following examples.

(12) a. John is *not the sharpest tool in the box.*
   b. Junior is *not the sharpest knife in the drawer.*
   c. She's *not the brightest bulb in the pack.*
   d. Poor Bill Frisk was *not the quickest bunny in the warren.*

(Traugott & Trousdale 2013: 224–225)

(13)   [not the ADJest N1 in the N2] = <not very clever>
       ADJ: INTELLIGENCE-related: *sharp/bright/quick*

(Traugott & Trousdale 2013: 225)

However, the distribution of the attested data is skewed: the nouns that collocate with the adjectives vary even in the prepositional phrase:[3]

(14)   sharp

not the sharpest	knife	in the {drawer/box/shed}
	pencil	in the box
	sword	in the box
	tool	in the shed/box
	crayon	in the box
	spoon	in the drawer
	tack	in the box
	hook	in the tackle box
	chisel	in the carpenter's kit
	bit	in the drill
	pitchfork	in the barn

Of the attested adjectives, *sharpest* is the most commonly attested; moreover, the objects referred to as *sharpest* are typically a tool in a tool box or a member of a set or group. Therefore, it is possible to tentatively abstract the schema as in (15).

(15)   [NOT THE SHARPEST N1 IN THE N2] = <not intelligent>
       (N1 is a tool and N2 is a container)

Indeed, the example *not the sharpest tool in the box* is also attested, which directly instantiates (16). Moreover, there are possible extensions of this schema, whereby the tool is placed in a location, not necessarily in a type of container.

(16) a.   not the sharpest sword in the armory
     b.   not the Sharpest Polearm in the Garrison
     c.   not the sharpest blade in the skate rack

In addition, a greater variety of nouns has come to be attested in this snowclone, a frequent one being *rock*, with additional prepositional phrase varieties.

(17)   not the sharpest rock
       in the {pile/slingshot/garden/yard/hamper/drawer}.

Since a *rock* here is not necessarily regarded as a tool, this is not captured by the sche-

---

[3] The survey was conducted in COCA as well as Google Search (on January 5, 2018).

ma in (15). The following similar examples are also attested:

(18) a. not the sharpest cookie in the jar
   b. not the sharpest egg in the attic/drawer

These are probably based on an extension of (15), or developed simultaneously as a reflection of a more abstract schema, as in (19).

(19) [NOT THE SHARPEST N1 IN THE NP] = <not intelligent>
   (N1 is a thing, N2 is a location)

The point being made here is that more specific, lower-level schemas may become less appropriate for capturing the emerging extensional cases. Although it is true that the lower, more concrete level of schema is more appropriate to cover the majority of the attested data, the same schema may not always be appropriate; when it comes to dealing with the creation of a novel expression, a more abstract schema will come to play an important role as well.

Another similar type of the expression takes the form of [NOT THE BRIGHTEST N1 IN/ON THE N2]. It roughly implies <not clever>, almost the same as the *sharpest* cases. In this schema *bulb* is the most attested noun in N1, but other nouns are also possible.

(20) bright
   a. not the brightest bulb {in the tanning/pack/lamp/chandelier}
                          {on the porch/Christmas tree}   (COCA)
   b. not the brightest light in the harbor
   c. a sweet man, but not the brightest candle on the birthday.
   d. …not the brightest star in the sky
   e. Not the brightest crayon in the box.
   f. Not the brightest jewel on the necklace, her. Letton was some kind of middle-grade manager at a machine-parts company.
   g. Not the brightest torch in the dungeon

As the nouns allowed here all relate to light emissions, the lexical-construction-grammar approach would claim that the constructional schema of this lower level is appropriate to capture the examples in (15) or (20), rather than a more abstract schema such as [NOT THE ADJEST N1 IN THE N2]. Surely this seems sensible; however, this is also a matter of degree. When one takes into consideration constructional change and further extensional usages, the more abstract schema that emerges receives greater focus, and this becomes an endless loop. For instance, let us consider the following cases.

(22) a. Renee Albert, who is the hottest girl in eighth grade. The odds of that happening are extremely unlikely. Let's just say he is *not the hottest marshmallow in the fire*.   (Traugott & Trousdale 2013: 225)
   b. Sweet girl, but *not the coldest beer in the fridge*. She keeps making terri-

ble choices with men, too." (Google Search)

c. "She's *not the fanciest schooner in the marina*, but she's a good little tug-boat." Cannot stop laughing. (twitter)

The adjectives used here commonly refer to sexual attractiveness, rather than intelligence. These examples cannot be captured by the constructional schema in (20); rather, it is necessary to further extract a new schema as: [NOT THE ADJest N1 IN THE N2], where ADJ should be defined as properties related to sexual attractiveness. Here, however, the critical element lies in the way that the speaker expands and creates the new semantic types of expressions in the first place: surely the expansion is due to extensive use through an analogy with other similar expressions, but how does the speaker know the extension from *sharp/bright* in (19) and (20) to *hot/cold/fancy* in (21) will be sanctioned? It is probably because along with the extensional process the speaker also unconsciously creates and utilizes the more abstract schema which shows the commonality extracted such as [NOT THE ADJest N1 IN THE N2]. It is not necessarily a specific lower schema only that is used in comprehending the meaning and usage. In other words, in the process of dynamic extensive process of creating a new expression, there should be some leap beyond the existing lower-level schema.

To sum up, it is necessary to be cautious about excessively emphasizing the importance of the lower schemas in determining the status of a construction, since the argument may easily fall afoul of the "full productivity" fallacy: The nature of the schema itself is not that of a "rule" without overgeneralization. Since the schema is in essence an abstracted commonality, it follows rather that any lower-level constructional schema is itself not free from the risk of overgeneralization. Moreover, for the purpose of expanding the constructional application, a more abstract schema would have to be accessed. That is, the schemas of both levels play their own parts: lower-level schemas for extracting the commonality of the members and producing similar, related examples, while higher-level schemas for extensional creation of the instances.

4. Conclusion

Determining the constructional status has been a somewhat controversial issue among constructional grammarians. This paper argued and reconsidered the importance of lower- as well as higher-level constructional schemas. The theoretical ideal is that only those syntactic strings that allow full productivity qualify as rule-like constructional schemas. However, in actual usage, the status of a construction is a matter of degree, in terms of its entrenchment proportion, as exemplified by type frequency. A lower-level schema tends to describe most of the data in a stative, synchronic viewpoint, but still not without exceptions, especially in a case of ongoing diachronic change. Moreover, an abstract schema itself is useful in explaining the dynamic nature of the extension as well as our ability to understand novel expressions. In other words, there seems to be a division of labor between the two schemas: The lower ones tend to be focused more within a synchronic analysis, in which they are likely to capture the already-attested examples in an almost exhaustive way, while the higher ones are utilized and accessed in diachronic language use in creating more brand-new examples. Both types of schemas co-exist within the constructional network and bear equal importance with slightly different functions.

References

Boas, H. (2010). The syntax-lexicon continuum in Construction Grammar: A case study of English communication verbs, *Belgian Journal of Linguistics*, 24(1), 54–82.

Booji, G. (2013). Morphology in construction grammar. In T. Hoffmann & G. Trousdale (Eds.), *The Oxford handbook of construction grammar* (pp. 255–273). Oxford: Oxford University Press.

Croft, W. (2001). *Radical construction grammar: Syntactic theory in typological perspective*. Oxford: Oxford University Press.

Fillmore, C. (1997). *Construction grammar lecture notes*. Unpublished Manuscript. Retrieved from http://www.icsi.berkeley.edu/~kay/bcg/lec02.html.

Fillmore, C., & Kay, P. (1999). Regularity and idiomaticity in grammatical constructions: The case of *let alone*. *Language*, 64, 501–538.

Goldberg, A. E. (1995). *Constructions: A construction grammar approach to argument structure*. Chicago: University of Chicago Press.

Goldberg, A. E. (2006). *Constructions at work: The nature of generalization in language*. Oxford: Oxford University Press.

Iwata, S. (2008). *Locative alternation: A lexical-constructional approach*. Amsterdam, John Benjamins.

Kay P. (2005). Argument structure constructions and the argument-adjunct distinction. In M. Fried & H. C. Boas (Eds.) *Grammatical constructions: Back to the roots* (pp. 71–100). Amsterdam: John Benjamins.

Kay, P. (2013). The limits of (construction) grammar. In T. Hoffmann & G. Trousdale (Eds.), *The Oxford handbook of construction grammar* (pp. 32–48). Oxford: Oxford University Press.

Pullum, G. (2003). *Phrases for lazy writers in kit form*. Retrieved from http://itre.cis.upenn. edu/~myl/languagelog/archives/000061.html.

Pullum, G. (2004). *Snowclones: Lexicographical dating to the second*. Retrieved from http://itre. cis.upenn.edu/~myl/languagelog/archives/000350.html#more.

Taylor, J. (2012). *The mental corpus: How language is represented in the mind*. Oxford: Oxford University Press.

Traugott, E. C., & Trousdale, G. (2013). *Constructionalization and constructional changes*. Oxford: Oxford University Press.

［書　評］

Barbara Lewandowska-Tomaszczyk (ed.),

Conceptualizations of Time (Human Cognitive Processing 52)

Amsterdam & Philadelphia, PA: John Benjamins, 2016, 325pp.,
ISBN: 978-90-272-4668-4.

篠原和子（東京農工大学）

1.　はじめに

　時間についての探求は，洋の東西を問わず長く古い歴史をもつ。そのなかで，現代言語学発祥以後の理論的方法にもとづく時間表現・時間概念の研究は，その困難さの故か，言語学，特に意味論の中心に据えられるということはなかったように思う。文法に関しては，時制やアスペクトといった時間がらみの言語現象の研究は多いものの，時間の概念化や意味，時間認知，時間と主観性，時間と自己意識，といった課題になると，言語学内部での進展はゆっくりとした歩みに感じられる。しかし，特に西欧では，「時間」は「空間」とともに自然科学，人文科学を問わず学問の最も重要なテーマのひとつでありつづけてきた。国際認知言語学会（ICLC）では，「時間」あるいは「時間と空間」に関する発表はほとんど定番である。近年，認知言語学に足場を置く研究者たちによる「時間の言語学」関連の書物が目に付くようになり（瀬戸 2017; Evans 2004, 2013; Lewandowska-Tomaszczyk & Kosecki 2014; Moore 2014 ほか），日本国内の認知言語学者のあいだでも，時間概念や時間表現の研究への関心が高まりつつあるように思われる。日本語用論学会の下位グループであるメタファー研究会（鍋島弘治朗氏主催）でも 2017 年 3 月の大会で時間のメタファーがテーマとして取り上げられた。また日本認知言語学会奨励賞・2016 年受賞発表（大神雄一郎氏）は時間のメタファーに関する研究であった。

　このような流れにあって，本書が 2016 年に John Benjamins から出版された。国内にも本書に関心を向けている人々が多数いることと想定される。この状況に鑑み，書評の役割としては，公平な視点で本書全体を紹介するということかもしれないとひとまずは考えた。だが，本書の性格と日本における研究シーンを合わせて考慮するなら，全体を万遍なく紹介し論評することは，むしろ有用ではないと判断した。以下ではまず本書全体の構成と概要をまとめるが，その後は幾つかの興味深い章を選択して私見を記す形とすることをおゆるしいただきたい。

2. 本書の構成

本書は，編者 Barbara Lewandowska-Tomaszczyk が関わった複数の研究プロジェクトや学会の成果を中心とし，他誌に掲載された論文の再掲を含む，多方面からの時間論を集めた論集である。時間概念と時間認識（哲学），言語における時間把握，空間に基づかない時間の概念化，時間の標識，時間の言語データの分布，といった多彩な論文 13 編から成り，認知言語学に限られない多分野の執筆者を擁している。

これらを 1 冊の論集として編むにあたっての編者の基本的スタンスは，認知言語学的な意味での時間の「概念化」をなんらかの形で扱う論文で構成する，ということである。認知言語学が起ち上がった当初に George Lakoff が明示した Cognitive Commitment の考え方に依拠するのが基本姿勢である，と編者は序章で述べている（編者は引用していないが，これは ICLA 国際認知言語学会が 1989 年に起ち上がり，1990 年に学会誌 *Cognitive Linguistics* が発刊された際に，初巻で Lakoff が述べた認知言語学の所信表明であった）。だが本書の 13 章すべての著者が認知言語学者であるわけではなく，編者のこの基本姿勢に他分野の論者たちが共鳴しつつ参集した，という形である。認知言語学が他分野の知見を大いに参照しつつ学際的に言語構造・機能の解明を行うことを旨としているが故の成果と考えてよいだろう。

本書の構成を以下に概観する。

Part I: Timeless concepts of temporality.
　時間についての哲学的考察の 1 編のみである。時間の独立性に疑義を唱えている。
Part II: Spatial construal of time extended.
　空間との関係性からみた時間のカテゴリーについての多方面からの論考である。形式意味論，ジェスチャー研究，身体動作の認知心理学的実験，手話研究，左右を含む空間軸の実験研究といった，認知言語学の枠組みでの時間概念研究とは違った切り口の論文を集めている。
Part III: Time conceptualizations beyond space.
　言語人類学の論文 3 編から成る。認知言語学者が触れることの少ない諸言語，諸文化における時間の把握について，幅広く扱っている。
Part IV: Conceptualizations of temporal categories.
　時間の標識に関する研究論文 2 編から成る。いずれも複数のアジア言語の比較を行っている。
Part V: Time-discretising adverbials: Distributional evidence.
　言語コーパスを用いた量的分析の論文 2 編である。時間の数量的表現単位と数のスケールを，実際の使用頻度をもとに分析し，日常多く使われる時間単位について考

察している。

　全体をみると，一冊の論集としての統一感，全体の方向性やターゲットとする読者層の想定などの点で，やや明確さに欠ける印象を受ける。テーマや内容の多様性は，ひとつひとつの論文の質に一定以上のレベルの統一感があるときに，最も活きてくるだろう。これに対し，本書全体は質や書き方の点で均質ではなく，良くも悪くも個性的な章の集まりである。大きく評価が分かれそうなものが並んでいるとも言える。したがって，一冊の書物として読むというよりも，読者がそれぞれの関心に触れる論文を選別して読む，という読み方が適しているように思われる。とはいえ，全体を見渡したときに感じ取れる「時間問題」の学際性，アプローチの多様性，普遍性と個別性への視野，分野ごとの研究土壌からくる前提的考え方や陥りがちな先入観の在処といった，有用な洞察を得ることはできる。

　以下の節では，認知言語学，特に概念メタファー理論に基づいて時間概念と空間概念の研究を行ってきた筆者の立場から，特に興味深く有用と思われる幾つかの章を選択し，私見を記す。

3.　身体性と言語個別性（Part II）

　認知言語学における「時間」の探求は，当然ながら言語に足がかりを求めるため，「言語にあらわれる時間の概念化」が主な焦点とされてきた。その中心的枠組みを担ったのは，言うまでもなく Lakoff and Johnson（1980, 1999）の概念メタファー理論である。そこでは，認知言語学の研究に共通する「身体性」の問題，そして特に時間概念については「空間と時間の関係」が根本問題として取り上げられた。これら2点とも，時間にかかわる概念構造の普遍的側面の探求を目指すための基礎となるキーワードであった。

　これに対し，言語個別性，言語相対性，文化相対性という観点も，認知言語学内には存在していたが，これが近年，学問共同体のおもてに浮上してきた感がある。長く時間概念の研究の背後にあった普遍性の探究，そこでの身体性，また身体と接するが故の空間的基盤，といった視点が，普遍性指向を強く持っていたのに対し，個別性指向へと基軸を変えつつあるようだ。（これらは勿論，either-or の関係にあるのではなく，両面を睨みつつ研究を進めてゆくのが健全ではあろうが，学問共同体の内部での流れ，うねりはそのときどきの時期でいずれかに偏ることが多いように思える。認知言語学内部での普遍性指向と相対性指向の間で振り子現象があったとしても不思議ではない。）本書の Part II に収められている論文のラインナップをみると，相対性指向の観点が顕著にみてとれる。5編のうちほとんどが言語普遍性ではなく個別性，文化相対性を指向した研究論文である。

　これらの中で，特に注目したいのが，Walker and Núñez の論文と，Casasanto の論文である。以下，この2編について述べる。

3.1. 第3章：Speaking, gesturing, reasoning: Methods and issues in the study of spatial construals of time (Esther J. Walker and Rafael Núñez)

　たいへん読みやすい章である。読者に親切な書き方で，わかりやすくこれまでの研究を概観している。ただし扱っているテーマは時間メタファーの方法論の吟味を主としており，研究者への提言も含んでいる。「過去」「未来」などのような自己の視点からみた時間概念と，出来事の順序列としての（自己の視点から独立した）時間概念を同じ「時間」としてひとしなみに扱ってしまうことへの疑問が提示されるとともに，研究方法として，言語学的研究だけでなくジェスチャー研究，認知心理学的実験研究といった異なる特徴をもつ研究方法を組み合わせることで時間概念の研究はより健全に進むであろうという方向性が示されている。

　空間概念を用いて時間概念が表出されるという現象が多くの言語にみられることはよく知られているが，言語にあらわれる「空間化された時間」のみをみていると見落としがちなのが，たとえば左右軸を用いる時間概念である。これは，ジェスチャー研究あるいは心理学実験などの方が，より検出力が高い。言葉では時間を左右軸で表すことはめったにないためデータそのものが取れないが，ジェスチャーではこれが頻発し，言語データからは予想のつかない特徴が抽出できる。言語データの分析で閉じることなく，ジェスチャー分析や，反応時間を測定するなどの実験研究も採り入れていくことで新たな発見が得られるとする本章の主旨は，これからの研究の方向性を示唆しており，興味深い。

　ただ，個々の認知言語学者が言語の詳細な分析とジェスチャー研究と心理学実験をすべて行えるかというと，それはかなり困難だろう。むしろ学際的な共同研究チームを組むといった，外部との研究上のコミュニケーション力が鍵となるかもしれない。今後の認知言語学シーンには，学際共同研究による実験研究や人間行動学的研究が重要であろうことが本章からうかがえる。

3.2. 第4章：Temporal language and temporal thinking may not go hand in hand (Daniel Casasanto)

　第3章と合わせて読むと興味深いのが，認知心理学者 Casasanto による本章である。第3章同様，身体動作に現れる時間認知のあり方が言語個別性へと向かう様子が分析されている。言語データに表れない時間把握の様相が身体動作によって検出できる点に注目していることは第3章と同様だが，そこからさらに進んで，「時間焦点仮説」(Temporal Focus Hypothesis) と呼ばれる新たな仮説を提示している点に本章の特徴がある。この仮説は，「過去」と「未来」を自己の身体からみて「前方」「後方」のいずれに置くかは，過去と未来のどちらに焦点を当ててものを考えているか，どちらに注目しているか，どちらに価値を置いているかに強く影響される，というものである。たとえば自分の過去のことをずっと考えていた人は，実験では自己の身体の「前方」に「過去」を置く傾向が強くなる。こ

れが個人の一時的な注目ではなく社会・文化全体のもつ価値づけ（過去には価値がある，等）になると，その言語文化共同体での一般的傾向として現れる（本章で取り上げているDarija 語にはその傾向がある）。逆に，未来を重視し価値あるものとして考える共同体では，自己の身体の「前方」に「未来」を置く傾向が高まることが指摘されている。

初期の概念メタファー理論で言われていたような，人間は前に向かって移動するのが通常だから未来に経験することと「前方」をマッピンするのが自然，というのとは異なるが，この時間焦点仮説もまた一種の身体性基盤を表したものと考えることができるだろう。「注目すること」イコール「見ること」であり，かつ「見えること」は前方にあること，という身体的経験を我々はしているからである。

Casasanto は，Walker and Núñez 同様，"space and time are linked in the mind in more ways than linguistic analyses alone can reveal." と述べている。言語学の訓練を受けてきた研究者にとって，言語データをいったん棚上げにして心理学的実験を行ったりすることは馴染みづらく難しい。難しいことは「しなくてよいこと」さらには「する価値のないこと」としてしまうきらいがあるかもしれない。だが，認知言語学が「言語をモジュールとみない」という基本姿勢を標榜するのであれば，言語以外の認知作用と言語の関わりを，思考実験や憶測に留まらない形で実証的に研究したい，すべきだ，と考えるのがむしろ当然とも言えるだろう。まずは，本章のように実験を通常の研究方法とする分野の研究論文を読むだけでも一歩になる。

4. 「空間」と「概念」を相対化する (Part III)

Part III は，さらにラディカルである。そもそも言語学者が前提として疑わない「言語」の独立性，というところから疑義を差し挟み，「言語」に既得権を認めない隣接分野がある。言語人類学である。言語，文化，思考は，峻別できるのか，という点で，言語学（特に認知言語学を含む理論言語学）と言語人類学は，基本的な人間観，言語観に違いがある。言語を「あらゆる周辺的条件から分離できる特権的位置づけにある記号システム」と考える所から出発してきた現代言語学にとって，言語人類学の研究姿勢を傾聴するのは時に難しく感じられるかもしれない。しかし，「広い視野を持たなければ深く掘ることはできない」ことを肝に銘じるなら，調査を実施すること自体が難しい少数言語の丹念な記述に対し，充分な敬意とともに目を向けることも必要かもしれない。この点で，次に取り上げるSinha らの論文は，熟読するに値する。

書　評　　87

4.1.　第 9 章：When time is not space: The social and linguistic construction of time intervals and temporal event relations in an Amazonian culture (Chris Sinha, Vera da Silva Sinha, Jörg Zinken and Wany Sampaio)

　第 1 著者の Chris Sinha は，心理学をバックグラウンドとしつつ，認知言語学と社会・文化的アプローチを融合させることを目指し，人類学，社会心理学，進化生物学等にわたる幅広い研究を行っている。イギリス認知言語学会（UK-CLA）の発足に貢献し，その初代会長（2005–2007）を務めた。また国際認知言語学会の会長（2011–2013）も歴任するなど，定評のある研究者である。

　この章は，*Language and Cognition*（イギリス認知言語学会の学会誌）に掲載された既出の論文の修正再掲なので，すでに知られているが，本書のこの位置に置かれることでその学際的な意義があらためて明確にされている。

　主旨を簡単に紹介すれば，ブラジルの少数言語 Amondawa の調査・記述から，「時間というもの」(Time as such) と呼べるような概念をもたない言語文化圏が存在することを示した論文である。また「一時間」，「三日」，「五十年」などのように時間を数量化して数えること (time reckoning) も普遍的ではなく，そもそも時間を区切って分割することや数えること自体が文化的偏りであって，すべての文化圏に存在するわけではないとする。区切りを設けたり数えたりできるものとして時間を概念化するのは，暦や時計といった人工物を持つ社会の特徴なのではないかと論じ，Lakoff and Johnson が普遍性を含意して設定した時間メタファーの基本仮説はそういった特定の文化圏にのみ当てはまるものだとする。

　現代の記述言語学の発祥のいきさつが，Boas, Sapir などアメリカ言語人類学の系譜に多くを負っていることを思えば，欧米を主とする所謂「先進国」の言語の分析結果やそれによって作られた理論を無反省に「普遍的」と考えてしまうことには注意しなくてはならない。この警鐘を，もういちど人類学の研究から学び直すことは，殊のほか大切なのではないか。本章を読むと改めてこのことに思い至る。たとえ西洋の言語に属さないアジア言語であっても，日本語，中国語，コリアン語などは，「大学」や「言語学者」をもつような社会的，文化的発展を遂げた地域の言語である。そのような文化圏の言語の分析だけでは，この偏りは充分には是正されない。「先進国的」な文化土壌にある言語のみから，人間言語にとって普遍的な性質とは何かを推測しようとする場合には，この限界と偏りの可能性を少なくとも念頭に置いておくべきだろう。

5.　時間の文法範疇についての実験的通言語研究 (Part IV)

　Part IV は，言語の文法的カテゴリーなど，細部に目を向けた研究をクローズアップする。特定の言語標識に注目して，複数のアジア言語の通言語比較を行った研究 2 編を擁

している。このうち Izutsu and Izutsu の章は日本語を扱っている点でも興味をそそる。

5.1. 第10章：Temporal scenery: Experiential bases for deictic concepts of time in East Asian languages（Katsunobu Izutsu and Mitsuko Narita Izutsu）

　本章は，直示表現というカテゴリーに着目しつつ時間メタファーを吟味し直すという方法を採っている。（筆者は直示表現を含まない時間メタファー表現が自己中心的なフレームを喚起する現象を分析したことがあるが（Shinohara & Pardeshi 2011），本章はそれと相補的な方向で行われている。）アイヌ語，中国語，日本語，コリアン語，琉球語の5言語にみられる時間の直示表現を横断的に分析し，考察している。直示（今・ここ・私）という，自然科学の対象とは顕著な異質さをもつ人間の経験を対象とした言語研究は，「人間の意識」という難問への切り口として限りない魅力をもつ。時間メタファー研究においてはいまだ充分なコンセンサスに至っていない課題（直示性をモデルにどう組み込むか，直示性と「自己中心的視点」の位置づけ等）に接近する可能性も秘めている。

　本章は，単独で収集するには膨大な労力がかかるであろうと推察される5言語のデータ収集と分析による論考で，特に"temporal scenery"という新規な概念を提案しているところに特色がある。時間概念がまとまりのある文化的負荷を予め帯びた scene として全体的に認知されている，という発想である。筆者自身も時間のメタファーに関してはこれと似た考え方を最近とり始めており，個々の分析の細部においては異論を述べたい部分もあるものの，方向性においては大いに共感した。今後，さらに詳細で発展的な議論が多くの研究者から出ることを期待したい。

6.　おわりに

　以上，紙幅のゆるす範囲でいくつかの章を概観した。他にも興味深い章が多数掲載されているが，すでに述べたように本書は全体でひとつの方向へと収束するというよりは，タイプの異なる章を集めた論集の性格が強く，各章を個別に読む読み方が適しているように思える。読者の関心に触れる章があれば，手に取ってみることをお勧めする。

参考文献

瀬戸賢一（2017）.『時間の言語学』東京：筑摩書房.

Evans, V. (2004). *The structure of time: Language, meaning and temporal cognition*. Amsterdam: John Benjamins.

Evans, V. (2013). *Language and time: A cognitive linguistics approach*. Cambridge: Cambridge University Press.

Lakoff, G., & Johnson, M. (1980). *Metaphors we live by.* Chicago: University of Chicago Press.

Lakoff, G., & Johnson, M. (1999). *Philosophy in the flesh: The embodied mind and its challenge to Western thought.* New York: Basic Books.

Lewandowska-Tomaszczyk, B. & Kosecki K. (Eds.). (2014). *Time and temporality in language and human experience.* Frankfurt am Main: Peter Lang.

Moore, K. E. (2014). *The spatial language of time: Metaphor, metonymy, and frames of reference.* Amsterdam: John Benjamins.

Shinohara, K., & Pardeshi, P. (2011). The more in front, the latter: The role of positional terms in time metaphors. *Journal of Pragmatics*, 43, 749–758. doi:10.1016/j.pragma.2010.07.001.

From the Managing Editor

We are very glad to present the third volume of *the Journal of Cognitive Linguistics* (*JCL*), the official refereed journal of the Japanese Cognitive Linguistics Association (JCLA). First of all, I would like to express many thanks to all the contributors to the present journal. In publishing this volume, I am heartily grateful for the support of *JCL* associate editors, external anonymous reviewers and the JCLA executive board members ―President Yukio Tsuji, Vice President Kazumi Sugai, the former Vice President Yoshihisa Nakamura, Vice-Managing Editor Minoru Ohtsuki, and Secretary General, Hirotoshi Yagihashi. Special thanks also go to the editorial assistant, Nathan Hamlitsch.

To advance research in as many different fields as possible, we invited papers from the following contributors: Noburo Saji, Ippei Inoue, Naoko Hayase, and Kazuko Shinohara. Herein, the present volume covers disciplines of research fields such as cognitive sociolinguistics, lexical acquisition model, cognitive analysis of metaphor, simile and synecdoche, and cognitive linguistic reconsideration of constructional schema. In addition to a study of the established CG program, this volume was able to cover the studies of CG pertaining to neighboring fields such as sociolinguistics and language acquisition. I'm also happy to announce that the present *JCL* is the first to contain a book review, and the *JCL* will occasionally publish book reviews from now on.

Between August 2016 and September 2017, we have accepted two out of seven submissions, with one being anticipated for submission with revision. We still earnestly hope to increase the number of contributors to *JCL*. Papers written in English are also very welcomed.

I would especially like to express my appreciation to the external examiners for their great effort, which no doubt played a wonderful role in bringing forth our journal. Without their careful and close screening, we would not have given life to this volume. With our deepest appreciation to all the members of JCLA, I sincerely hope *JCL* will bring about the substantial promotion and advancement of cognitive linguistic study in Japan. Since this volume marks the end of my two-year term as editor, I would like to again extend my deepest gratitude to all the contributors and people who supported me.

Kimihiro Yoshimura, Ph.D.
Managing Editor, Nara University of Education

Members of Executive Committee and Board of Directors

President	Yukio TSUJI, *Keio University*
Vice Presidents	Kazumi SUGAI, *Hyogo University of Teacher Education*
	Kimihiro YOSHIMURA, *Nara University of Education*
Presidents emeriti	Yoshihiko IKEGAMI, *Professor Emeritus of the University of Tokyo*
	Masa-aki YAMANASHI, *Professor Emeritus of Kyoto University*
Advisers	Tetsuya KUNIHIRO, *Professor Emeritus of the University of Tokyo*
	Seisaku KAWAKAMI, *Professor Emeritus of Osaka University*
Secretary-General	Hirotoshi YAGIHASHI, *Kyorin University*
Secretaries	Toshiyuki KANAMARU, *Kyoto University*
	Hiroshi NODA, *Aichi Gakuin University*
Board of Directors (in alphabetical order)	Chie FUKADA, *Kyoto Institute of Technology*
	Hideto HAMADA, *Sapporo University*
	Naoko HAYASE, *Osaka University*
	Kaoru HORIE, *Nagoya University*
	Taketo ITO, *Kanto Gakuin University*
	Mariko KUROTAKI, *Nihon University*
	Takashi KUSUMI, *Kyoto University*
	Akira MACHIDA, *Hiroshima University*
	Kunie MIYAURA, *Hokuriku Gakuin University*
	Yuichi MORI, *Seikei University*
	Haruhiko MURAO, *Prefectural University of Kumamoto*
	Masuhiro NOMURA, *Hokkaido University*
	Minoru OHTSUKI, *Daito Bunka University*
	Kazuko SHINOHARA, *Tokyo University of Agriculture and Technology*
	Yukimi SUMI, *Nagoya University*
	Toshihiro TAMURA, *Shizuoka University*
	Kazumi TANIGUCHI, *Kyoto University*
	Hirotoshi YAGIHASHI, *Kyorin University*
Auditors	Futoshi KAWAMURA, *Tokyo University of Foreign Studies*
	Shungo SHINOHARA, *Keio University*

日本認知言語学会役員一覧

会　長	辻　幸夫（慶應義塾大学）	
副会長	菅井三実（兵庫教育大学）	
	吉村公宏（奈良教育大学）	

名誉会長	池上嘉彦（東京大学名誉教授）	山梨正明（京都大学名誉教授）
顧　問	国広哲弥（東京大学名誉教授）	河上誓作（大阪大学名誉教授）

事務局（代表）	八木橋宏勇（杏林大学）
事務局（庶務）	金丸　敏幸（京都大学）
	野田　大志（愛知学院大学）

理　事	伊藤健人（関東学院大学）	大月　実（大東文化大学）
	楠見　孝（京都大学）	黒滝真理子（日本大学）
	篠原和子（東京農工大学）	鷲見幸美（名古屋大学）
	谷口一美（京都大学）	田村敏広（静岡大学）
	野村益寛（北海道大学）	濱田英人（札幌大学）
	早瀬尚子（大阪大学）	深田　智（京都工芸繊維大学）
	堀江　薫（名古屋大学）	町田　章（広島大学）
	宮浦国江（北陸学院大学）	村尾治彦（熊本県立大学）
	森　雄一（成蹊大学）	八木橋宏勇（杏林大学）

監　事	川村　大（東京外国語大学）	篠原俊吾（慶應義塾大学）

※歴代役員は，学会ホームページ〈http://www.2jcla.jp/〉の「役員・各種委員会名簿」内にある「役員
　履歴」をご覧ください。

Information from the Secretariat

1. Sales of DVD-ROMs containing reproductions of past *Papers from the National Conference of the Japanese Cognitive Linguistics Association*

As a project to commemorate the association's tenth anniversary, we published a DVD-ROM that contains reproductions of volumes 1 through 10 of the *Papers from the National Conference of the Japanese Cognitive Linguistics Association*. These DVDs are being sold to both members and non-members at a list price of 2,000 yen. However, at the association's national conference venue only, the DVD will be available for purchase at a special price of 1,000 yen. Therefore, we hope that you will purchase the DVD at the reception.

2. For non-members: Information on how to join the association

The Japanese Cognitive Linguistics Association generally welcomes new members. Anyone who agrees with the association's intent and the bylaws may join us. There is no special requirement for membership. The annual membership fee for the period from April to March is 7,000 yen for regular members and 4,000 yen for student members. This fee includes the participation fee for the national conference held during the membership year and the cost of the *Papers from the National Conference of the Japanese Cognitive Linguistics Association* and *Journal of Cognitive Linguistics* for that year.

People who would like to join us should contact us by email at ⟨jcla-office@2jcla.jp⟩. Please include following information in your request: (1) type of membership (regular or student members); (2) name; (3) postal code, address and phone number; (4) affiliation; (5) area of expertise; and (6) email address. We will send the registration papers and a payment slip for your annual membership fee by mail. For those who complete the admission procedure, their memberships will be automatically renewed upon yearly payment of their membership fees.

3. For members: Request for payment of membership fees

We mail members the *Papers from the National Conference of the Japanese Cognitive Linguistics Association*, *Journal of Cognitive Linguistics* and payment slips for their membership fees every May. The Japanese Cognitive Linguistics Association is financed by membership fees. Therefore, we would like to request members who have unpaid balances to submit their payments as soon as possible. For inquiries on membership fees or for procedures on how to update registered information, please contact the secretariat by e-mail at ⟨jcla-office@2jcla.jp⟩.

事務局からのお知らせ

1. 『日本認知言語学会論文集』復刻版の販売について

　学会設立 10 周年記念事業として，『日本認知言語学会論文集』第 1 巻から第 10 巻までのバックナンバーを 1 枚の DVD-ROM で復刻しています。このバックナンバーは，会員・非会員を問わず，定価 2,000 円で販売しておりますが，全国大会の会場においては，会場限定価格 1,000 円で販売しています。ぜひ受付にてお買い求めください。

2. 非会員の皆様へ──新規入会のご案内

　日本認知言語学会は，広く入会を歓迎しています。本会の趣旨と会則に賛同していただける方であれば，求められる会員資格等は特にありません。年会費（会期は 4 月から翌年 3 月までの 1 年間）は，一般 7,000 円，学生 4,000 円です。年会費には，当該年度の大会参加費と『日本認知言語学会論文集』『認知言語学研究』代が含まれます。

　入会を希望される方は，事務局〈jcla-office@2jcla.jp〉へ，①「会員種（一般・学生の別）」②「ご芳名（ふりがな）」③「連絡先の郵便番号・ご住所・電話番号」④「所属」⑤「専門分野」⑥「メールアドレス」をご連絡ください。論文集・学会誌と年会費払込用紙を郵送いたします。

　入会手続きをされた方は，毎年の年会費納入をもって自動的に継続会員となります。

3. 会員の皆様へ──年会費納入のお願い

　会員の皆様には，5 月に『日本認知言語学会論文集』『認知言語学研究』と年会費払込用紙を送付しています。日本認知言語学会は，皆様に納入いただく年会費で運営されておりますので，未納分がある方は早めにお手続きくださいますようお願いいたします。年会費に関する問い合わせ，登録内容更新手続きは事務局〈jcla-office@2jcla.jp〉までご一報ください。

Template for *JCL* (English)

Title of the Paper: Subtitle of the Paper*

First Name LAST NAME, *Affiliation*

Abstract

Here comes a 150−200 word abstract. According to *the American Psychology Association (APA)'s publishing manual (6th ed.)*, the abstract should be accurate, self-contained, concise and specific.

Keywords

construction, inference, grammaticalization, domain

1. Introduction

This is the template Word file for the paper which may be printed as a part of *Journal of Cognitive Linguistics*.

2. Fonts and Styles

Every font used in the paper should be Times, or Times New Roman. The size is 11 pt in the body and section titles. The title of the paper is in 14 pt. The abstract and keywords sections are 10.5 pt. Footnotes are 10 pt.

Examples are to be numbered as (1), (2), (3) ..., and sub-ordered examples as a. b. c. ...

For morpheme-by-morpheme glosses, refer to the Leipzig Glossing Rules (https://www.eva.mpg.de/lingua/pdf/LGR08.02.05.pdf).

2.1. Capitalization of headings and subheadings: Only the first word and proper nouns should be capitalized

Only the first word and subsequent proper nouns are to be capitalized in headings and subheadings (for examples see American Psychological Association 2010: 101−104). Headings and subheadings are in bold.

---

* In preparing this manuscript, we were privileged to work with A, B, and C. Special thanks are also in order to 1, 2, and 3 for their helpful input.

3. Tables and Figures
3.1. Tables

Each table has a sequential number such as Table 1, Table 2, etc. Each table should be accompanied by a caption. The font size is 11 pt for the caption, 10.5 for table notes below table, and at least 9 pt for the table contents. Tables are left adjusted.

Table 1. Sample Table

| Part response score || Condition ||
Nut	Spring	Action	Non-Action
1	1	6	7
1	0	3	2
0	1	4	1
0	0	1	4

Note. N=28

3.2. Figures

Each figure also has a sequential number such as Figure 1, Figure 2, etc. Each figure should be accompanied by a caption. The font size is 11 pt for the caption, and at least 9 pt for the figure contents. Figures and figure captions are center adjusted.

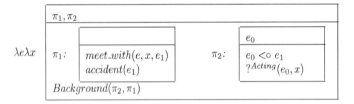

Figure 1. Sample Figure

4. References

References should follow the 6th edition of APA style. However, the following in-house reference stylization applies: volume numbers of journals, along with issue numbers, are not italicized as in (1).

(1) Langacker, R. W. (1993). Reference-point constructions. *Cognitive Linguistics*, 4 (1), 1–38.

For in-text citations we use an in-house citation style that doesn't include 'p' or 'pp' before page numbers (American Psychological Association 2010: 169–179; see also Becker 2000: 1–3).[1] In addition, we use only a single space to separate the author

---

[1] See Langacker (2010: 211) for further information.

and the publication year, and a colon between the publication year and page number(s), if any (American Psychological Association 2010: 174).

References

American Psychological Association (2010). *Publication manual of the American Psychological Association* (6th ed.). Washington, D.C.: Author.

Becker, M. (2000). The acquisition of the English copula. In S. C. Howell, S. Fish, & T. Keith Lucas (Eds.), *Proceedings of the 24th Annual Boston University Conference on Language Development, Vol. 1* (pp. 104‒115). Somerville, MA: Cascadilla Press.

Langacker, R. W. (1993). Reference-point constructions. *Cognitive Linguistics*, 4 (1), 1‒38.

Langacker, R. W. (2000). A dynamic usage-based model. In M. Barlow & S. Kemmer (Eds.), *Usage-based models of language* (pp. 1‒64). Stanford, CA: CSLI Publications.

Langacker, R. W. (2010). *An introduction of Cognitive Grammar*. New Jersey: Lawrence Erlbaum Associates, Inc.

Lee, S. Y. (2005). *Development in the L2 acquisition of English reflexives by Korean adults and children*. Unpublished master's thesis, University of Hawai'i, Manoa.

Nakayama, M. (1997). *Acquisition of Japanese empty categories*. Tokyo: Kurosio.

Schwartz, B. D. (1992). Testing between UG based and problem solving models of L2A: Developmental sequence data. *Language Acquisition*, 2 (1), 1‒19.

Schwartz, B. D. (2003, May). *Certainly not the last word on L2 acquisition*. Paper presented at the Conference on Knowledge of a Second Language—Epistemological and Empirical Issues. University of Southern California, Los Angeles.

Wexler, K. (1994). Optional infinitives, head movement and the economy of derivations. In D. Lightfoot & N. Hornstein (Eds.), *Verb movement* (pp. 305‒350). Cambridge: Cambridge University Press.

Whong Barr, M. K. (1999). *A child L2 study: Acquisition of the English dative alternation by Korean and Japanese speakers*. Unpublished doctoral dissertation, University of Durham, Durham, United Kingdom.

Template for *JCL*（Japanese）

○○に関する認知言語学的分析
—○○を中心に—[*]

認知花子（言語大学）

要旨
ここに日本語の要旨を 300 〜 400 字で入れる。要旨は，結論を中心に作成し，簡潔かつ，本文の内容がわかるように。

キーワード
スキーマ，推論，構文文法

1. はじめに
　このファイルは『認知言語学研究』（*Journal of Cognitive Linguistics*）の投稿用のファイルなので，このファイルに直接書き込んでいくことができる。

2. フォントと形式
　基本的には，フォントは MS 明朝 10.5 ポイントを使う。論文タイトルは 12 ポイント。見出しは太字とする。本文中の英語及び数字は Times New Roman で 11 ポイントとする。
　例文番号は，すべて括弧付きで，(1), (2), (3) ... とし，その下位区分は，a. b. c. ... とする。例文と本文の間は 1 行の空行を入れる。

3. 表と図
3.1. 表
　表には「表 1」「表 2」のように通し番号をつけ，表の上側にキャプションをつける。表の中の文字には 9 ポイント以上を使う。数字は半角英数とする。

---

　[*] 本研究は，文部科学省の科学研究費（課題番号：1234567）の助成を受けて行われている。本誌の匿名査読者には，草稿に関して貴重なコメントをいただいた。

表1. 表の例

得点		条件	
A	B	行動あり	行動なし
1	1	6	7
1	0	3	2
0	1	4	1
0	0	1	4

注：N=28

3.2. 図

図についても，「図1」「図2」のように通し番号をつける。図の下側にキャプションをつける。図の中の文字には9ポイント以上を使う。

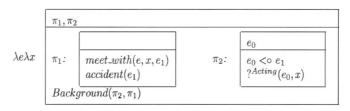

図1. 図の例

4. 参考文献

日本語の文献については，下記の例を参照にし，日本語以外の文献については最新のAPAに従う（American Psychological Association 2010: 40）。配列は，まず日本語文献を50音順でリストし（Lee 2005; 岩立 2008: 1-4），次に外国語文献をリストする。[1]

参考文献

岩立志津男 (2008).「文法の獲得〈1〉――動詞を中心に――」小林春美・佐々木正人（編）『新・子どもたちの言語獲得』東京：大修館書店, pp. 119-140.

大久保愛 (1967).『幼児言語の発達』東京：東京堂出版.

金愛蘭 (2006).「外来語『トラブル』の基本語化――20世紀後半の新聞記事における――」『日本語の研究』2 (2): 18-33.

迫田久美子 (1996).「指示詞コ・ソ・アに関する中間言語の形成過程――対話調査による縦断的研究に基づいて――」『日本語教育』89: 64-75.

American Psychological Association (2010). *Publication manual of the American Psychological Association* (6th ed.). Washington, D.C.: Author.

---

[1] 注は脚注とする。

Becker, M. (2000a). The acquisition of the English copula. In S. C. Howell, S. Fish, & T. Keith Lucas (Eds.), *Proceedings of the 24th Annual Boston University Conference on Language Development, Vol. 1* (pp.104–115). Somerville, MA: Cascadilla Press.

Langacker, R. W. (2000). A dynamic usage-based model. In M. Barlow & S. Kemmer (Eds.), *Usage-based models of language* (pp.1–64). Stanford, CA: CSLI Publications. (坪井栄治郎訳 2000「動的使用依拠モデル」坂原茂編『認知言語学の発展』東京：ひつじ書房，pp.61–143.)

Lee, S. Y. (2005). *Development in the L2 acquisition of English reflexives by Korean adults and children*. Unpublished master's thesis, University of Hawai'i at Manoa.

Nakayama, M. (1997). *Acquisition of Japanese empty categories*. Tokyo: Kurosio.

Sasaki, Y. (1991). English and Japanese interlanguage comprehension strategies: An analysis based on the competition model. *Applied Psycholinguistics*, 12, 47–73.

Schwartz, B. D. (2003, May). *Certainly not the last word on L2 acquisition*. Paper presented at the Conference on Knowledge of a Second Language: Epistemological and Empirical Issues, University of Southern California, Los Angeles.

Tomasello, M. (1999). *The cultural origins of human cognition*. Cambridge, MA: Harvard University Press. (大堀壽夫・中澤恒子・西村義樹・本多啓訳 2006『心とことばの起源を探る──文化と認知──』東京：勁草書房.)

Wexler, K. (1994). Optional infinitives, head movement and the economy of derivations. In D. Lightfoot & N. Hornstein (Eds.), *Verb movement* (pp.305–350). Cambridge: Cambridge University Press.

Whong Barr, M. K. (1999). *A child L2 study: Acquisition of the English dative alternation by Korean and Japanese speakers*. Unpublished doctoral dissertation, University of Durham, Durham, United Kingdom.

Title of the Paper in English: Subtitle of the Paper

First Name LAST NAME, *Affiliation*

English Abstract
    Here comes a 150–200 word abstract. According to *the American Psychology Association (APA)'s Publication Manual (6th ed.)*, the abstract should be accurate, self-contained, concise and specific.

The JCLA Constitution

1. The name of the organization is the Japanese Cognitive Linguistics Association (abbreviated JCLA).

2. The purpose of the organization is to promote research in cognitive linguistics and related disciplines, and to maintain contact and cooperation among its members.

3. In order to achieve its purpose, JCLA engages in the following activities, among others:
    1. Publication of the conference handbook and the Papers from the national conference of the Japanese Cognitive Linguistics Association.
    2. Hosting the annual meeting (including presentation of papers, symposia, workshops, etc.).

4. JCLA has the following three types of membership:
    1. Ordinary members: those individuals who have paid the prescribed fee in support of the purpose of the organization.
    2. Student members: those student individuals who have paid the prescribed fee in support of the purpose of the organization.
    3. Supporting members: those individuals or corporations who have paid the prescribed fee in support of the organization.

5. JCLA members have equal rights to attend the general assembly of the Association, to participate in, and to present their papers at the annual and other academic meetings sponsored by JCLA, and to contribute to, and to have access to, the JCLA publications. The members are also obliged to register themselves and to pay their membership fees.

6. The Board of directors of JCLA consists of the following members:
    1. The president, who represents JCLA.
    2. The vice presidents, who in case of necessity support or substitute the president of JCLA.
    3. The secretary-general, who supports the president and represents the business of JCLA.
    4. Twenty members of the Board of Directors, who are responsible for making decisions on the major activities of JCLA.
    5. Two auditors, who inspect the activities and accounts of JCLA and give a report to the Board of Directors.

7.   The general assembly of JCLA is held once a year.

8.   The business expenses of JCLA are met by the members' fees and other incidental incomes. A report on the accounts of the Association is given once a year at the general assembly.

9.   Any change in the Constitution must first be proposed by the Board of Directors and then discussed and approved in the general assembly.

10.   The Board of Directors is responsible for implementing this constitution and for establishing whether more detailed provisions might be necessary for the management of the Association and its constituent parts.

(Revised on September 16, 2017)

日本認知言語学会会則

第 1 条（名称）

本会は、日本認知言語学会（The Japanese Cognitive Linguistics Association, 略称は JCLA）と称する。

第 2 条（目的）

本会は、認知言語学の推進と会員相互の連携をはかることを目的とする。

第 3 条（活動）

本会は、前条の目的を達成するため、次の活動を行う。

1. 予稿集、学会誌等の刊行。
2. 大会（研究発表、シンポジウム、ワークショップ等）の開催。

第 4 条（会員）

本会の会員の種類は、次の通りとする、

1. 一般会員：本会の目的に賛同し、所定の会費を納入した個人。
2. 学生会員：本会の目的に賛同し、所定の会費を納入した個人。
3. 法人会員：本会の目的に賛同し、所定の会費を納入した個人または法人。

第 5 条（会員の権利・義務）

本会の一般会員および学生会員は、総会への参加、研究大会への参加、学会誌・研究発表会等への投稿・応募、学会刊行物の入手の権利を平等に有する。また、会員登録、会費納入の義務を負う。

第 6 条（役員）

本会には次の役員を置き、以下の会務を掌理する。

1. 会長（1 名）。会長は本会を代表する。
2. 副会長（2 名以下）。副会長は会長を補佐し、会長が不在のときは会長を代理する。
3. 事務局代表（1 名）。事務局代表は会長を補佐し、本会の事務を代表する。
4. 理事（20 名）。理事は理事会を構成し、本会の会務の活動方針などの重要事項を決定する。
5. 監事（2 名）。監事は本会の活動および会計処理の監査を行い、毎年度理事会に報告

する。
6. 役員の選出方法については別に定める。

第7条（名誉会長・顧問）
1. 本会に名誉会長を置くことができる。
2. 本会に顧問（若干名）を置くことができる。
3. 名誉会長および顧問は会長・理事会・各種委員会の諮問に答える。

第8条（委員会および担当）
　学会の運営に必要な各種委員会を理事会の下に置く。設置する委員会については、別に細則で定める。

第9条（役員、各委員長、委員の任期）
1. 会則第6条に規定する役員の任期は2年とする。ただし、再任を妨げない。
2. 会則第8条に規定する各委員会の各委員長の任期は2年とする。ただし、再任を妨げない。
3. 会則第8条に規定する各委員会に所属する委員の任期は2年とする。ただし、再任を妨げない。

第10条（会員総会）
　本会は毎年1回、定例総会を開催する。臨時総会については別に定める。

第11条（会計）
1. 本会の実務遂行に必要な経費は、会費その他の収入でまかなう。
2. 本会の会計は、毎年1回その結果を会員に報告する。

第12条（会則の改訂）
　会則の改訂は、理事会の提案により、総会において決定する。

第13条（細則）
　会則の執行および学会の運営に必要な細則は、理事会で定める。

第14条（覚書・手続き）
　各種委員会の運営に必要な覚書および手続きは、各種委員会において定め、事務局に保管する。

日本認知言語学会会則　　　　　105

2000 年 9 月 9 日　　制定
2005 年 9 月 17 日　改訂
2008 年 9 月 13 日　改訂
2009 年 9 月 26 日　改訂
2014 年 9 月 20 日　改訂
2017 年 9 月 16 日　改訂

（会費等に関する細則）
　1.　この細則は、会則第 4 条・第 11 条の規定のうち会費の施行について定める。
　2.　一般会員の会費は、年額 7,000 円とする。
　3.　学生会員の会費は、年額 4,000 円とする。
　4.　法人会員の会費は、年額 10,000 円とする。
　5.　会費納入の請求に応じない者は、特別の事情が認められる場合を除いて、会員の資格を失う。

2000 年 9 月 9 日　　制定
2012 年 9 月 9 日　　改訂

（日本認知言語学会奨励賞に関する細則）
（目的・名称）
第 1 条　日本認知言語学会の若手会員の研究を奨励し、学会全体の学術水準の向上を図るために、「日本認知言語学会奨励賞」（以下「学会奨励賞」という。）を設ける。

（授賞対象・応募資格）
第 2 条　学会奨励賞は、全国大会の研究発表のうち、本賞に応募した者でかつ特に優れていると認められた発表の筆頭発表者に対して授与する。なお、審査にあたっては、予稿集原稿、発表応募要旨も考慮に入れるものとする。
　　2　学会奨励賞への応募資格は、全国大会開催年度の前年度末（3 月 31 日）の時点で、学部もしくは大学院修士課程（博士前期課程）に在籍中か、修士課程（博士前期課程）修了後 10 年未満の者とする。
　　3　すでに本賞を受賞した者は応募資格を持たない。
　　4　学会奨励賞は、大会ごとに原則 2 名の者に対して授与する。

（選考過程）
第 3 条　学会奨励賞選考委員会（以下、「選考委員会」という。）は、全国大会の口頭発表

を聞いて審査を行う審査員を学会会員から選び、委嘱する。なお、審査員による審査対象となる発表については、発表応募要旨に対する評点をもとに件数を限定することができるものとする。

2 審査員は、選考委員会から指示された発表について選考を行い、所定の書式にて結果を選考委員会に報告する。

3 選考委員会は、審査員からの報告に基づいて授賞候補発表を選考し、所定の様式にて会長に推薦する。

（賞の決定）

第4条 会長は選考委員会からの推薦に基づき授賞発表を決定し、理事会に報告する。

（授賞）

第5条 授賞発表の発表者に対し、次の大会において表彰状を授与し、学会公式ホームページで顕彰する。

2015 年 12 月 25 日　制定

2017 年 2 月 7 日　　改訂

2017 年 9 月 16 日　　改訂

Information for Contributors

Prospective authors are requested to download the template (English or Japanese) from the JCLA website "http://www.2jcla.jp". Inquiries and submissions should be addressed to "rivistajcla@gmail.com".

認知言語学研究　第 3 巻
Journal of Cognitive Linguistics　Vol. 3　2018

編集人　日本認知言語学会　学会誌編集委員会
　　　　（委員長）吉村　公宏
発行人　日本認知言語学会
　　　　（会　長）辻　幸夫
　　　　事務局　〒181-8612
　　　　東京都三鷹市下連雀 5-4-1
　　　　杏林大学外国語学部　八木橋宏勇研究室内
　　　　　電話：0422-47-8000（内線 4407）
　　　　　Mail:　jcla-secretariat@2jcla.jp
　　　　　URL:　http://www.2jcla.jp

2018 年 3 月 31 日　第 1 版第 1 刷発行

　　　　　　　　　　　　　　　　　　〒 113-0023　東京都文京区向丘 1-5-2
　　　　　　　　　　　　　　　　　　電話（03）5842-8900（代表）
発行所　　株式会社　開 拓 社　　　振替　00160-8-39587
　　　　　　　　　　KAITAKUSHA　http://www.kaitakusha.co.jp

印刷所　日之出印刷株式会社　　　　　　　　　ISBN978-4-7589-1653-0　C3380